LUSSO

Coffee Naturalism

Contents

The Fresh Beans
1장 최상의 생두

루소가 추구하는 생두
012 좋은 생두의 기준
014 최고의 원료를 위한 최선의 노력
018 관능의 객관화와 다양성을 위한 노력

원료를 수급하는 방식
022 원료를 수급하는 두 가지 방법
024 루소와 생산자를 잇다, 마루베니
026 최고의 원료를 수급하기 위해

원산지 이야기
032 산지 히스토리
034 루소가 선택한 원산지
040 코스타리카 현지 파트너, 리카르도 아조페이파 모라
042 자연과의 공존을 꿈꾸다, 칼리버스 라 시에라 농장

원료를 잘 보관하기 위하여
046 루소의 생두 관리 기준 4가지
048 완벽한 생두 관리를 위한 루소의 노력

episode. 1 루소 관능 평가 앱 개발 과정
episode. 2 과테말라에 다녀와서

The Optimal Roasting
2장 최적의 로스팅

루소의 로스팅 기준
058 본연의 맛과 향을 위한 로스팅

최적의 로스팅을 위한 과정
062 로스팅을 위한 규모를 갖추다
064 원료의 선별부터 이물 검사까지
068 커피 생산 과정
070 섬세한 과정의 로스팅
074 루소의 든든한 조력자가 되다, 프로밧 부사장 더크 브링커
078 루소랩에서 로스팅을 하는 이유
080 루소랩에서 추구하는 로스터의 역량
082 머릿속에 생각하는 커피 맛을 그리며

품질을 위한 노력
088 동일한 커피를 제공하기 위한 로스팅 품질 검사 22단계
092 고객의 소리를 듣다
094 지속적인 연구 개발을 위한 투자

루소의 제품
098 싱글 오리진 커피
102 블렌드 커피

episode. 3 외부 온도 변화에 따른 로스팅 방법

The Best Extraction
3장 최고의 추출

고객을 위한 실험실, 루소랩
112 고객을 위한 실험실, 루소랩의 탄생 스토리
114 고도의 전문성을 가진 로스터리, 루소랩 청담
122 커피를 즐기는 방법의 확장, 루소랩 정동
130 루소랩이 경험을 통해 깨달은 것
136 루소 커피를 만날 수 있는 또다른 곳
138 루소랩에서 즐길 수 있는 메뉴
146 끊임없는 도전
152 Beyond the Direct Trade

실험실 속 사람들
156 실험실 속의 연구원, 바리스타
158 추출의 전 과정을 이해하는 바리스타 출신의 로스터
160 커피와의 어울림을 연구하는 셰프와 파티시에
162 성취감을 높여주는 사내 대회
168 루소의 철학과 방향을 깊게 고민하는 시간
172 노력하는 사람

최고의 추출을 위한 교육
178 루소의 가치를 공유하기 위하여
182 커피 문화 전파의 통로, 캐주얼 클래스
184 커피를 알다
186 변함없이 좋은 곳

episode. 4 루소랩 구성원들이 스스로의 성장을 위해 하는 노력

History of LUSSO
루소의 10년

루소가 지나온 길
루소를 말하다
루소랩 갤러리

루소의 10년

루소 브랜드를 만들어온 씨케이 코퍼레이션즈 김정민 회장을 통해 루소의 지난 10년을 돌아본다. 커피를 통해 루소가 전하고자 하는 가치에 대해 들어보았다.

루소가 어느덧 10주년을 맞았습니다. 감회가 새로울 것 같습니다.
루소가 10년, 제가 커피를 시작한 지도 어느덧 14년이 되었습니다. 10년이라는 숫자의 의미보다 우리가 그동안 얼마나 성장했는지 되짚어 보는 계기가 된다는 데 더 큰 의미가 있다고 생각합니다. 지난 시간 동안 루소는 양적으로 괄목할 만한 성장을 했지만 질적 성장이라는 측면에서 아직도 부족하다고 느끼는 부분이 더 많습니다. 단순히 루소에 국한된 것이 아니라 국내 커피 문화의 확장이라는 관점에서 보다 긴 호흡으로 바라보고 있습니다. 14년 전 제가 커피를 시작할 때 우리나라 커피 시장에서 '원두커피'는 인스턴트커피와 비교하여 정말 미비한 점유율을 가지고 있었습니다. 국내외 카페들의 성장으로 원두커피에 대한 인지가 확대되기는 했지만, 진정한 의미의 커피 문화는 이제 시작인 셈입니다. '어떻게 하면 소비자에게 좋은 커피를 전할 수 있을까?'라는 고민은 앞으로 20년, 30년, 그래도 안 되면 100년을 노력해야 하는 일이라고 생각합니다.

루소가 탄생할 때만 해도 국내 커피 시장은 믹스커피가 압도적인 점유율을 갖고 있었습니다. 일반 소비자들에게 원두커피는 굉장히 낯선 존재였고요. 어떤 계기로 루소 브랜드를 시작하게 되었나요?
20여 년 전 무역회사를 운영하며 외국에 나가볼 일이 많았습니다. 한번은 일본에 가서 캔 커피를 마셨는데 그동안 마셔본 것과는 전혀 다른 맛이 났습니다. 거기서 맛본 카페라떼 맛을 잊을 수 없었죠. 우리나라에서도 이걸 만들어야겠다고 생각했습니다. 그런데 그 맛을 내기 위해서는 인스턴트커피가 아닌 원두를 로스팅하고 추출해서 우유와 섞는 과정이 필요하다는 걸 알았습니다. 문제는 추출하는 방법을 배울 수 있는 곳이 없었다는 것이죠. 이 기술을 가지고 있는 일본 공장에 수도 없이 가서 눈으로 보고 감으로 배웠습니다. 커피를 추출할 때 천을 사용하는데, 도대체 어떤 천인지 알 수가 없었습니다. 이것저것 시도해보지 않은 게 없었죠. 심지어 청바지 만드는 천으로도 해봤을 정도였으니까요. 그런 과정을 거쳐 우리만의 기술력을 확보하게 됐고 매일유업과 함께 RTD Ready To Drink 형태의 카페라떼를 출시하게 되었습니다. 매일유업 카페라떼의 원두를 공급하면서 원두커피를 만드는 단계별 핵심역량이 무엇인지 비로소 알게 되었습니다. 그렇게 역량을 쌓아가면서 '진짜 커피'가 무엇인지 고민하게 되었고 이를 소비자들에게 전하기 위해서 '루소 LUSSO'를 시작하게 됐습니다.

당시만 해도 커피 관련 기술이나 전문 인력이 굉장히 부족했을 텐데 루소만의 기술과 전문 인력을 양성하기 위해 어떤 노력을 하셨나요?
말 그대로 피나는 노력을 했습니다. 처음부터 전 직원이 함께 공부하고 성장하는 과정을 거쳐 왔죠. 14년 전 공장을 지을 때만 해도 로스팅 설비에 대한 전문성이 부족했습니다. 그래서 일본 회사에 이유희 사업 본부장과 당시 함께 일하던 공장장을 보내 6개월 동안 공부하게 했습니다. 그곳을 벤치마킹하고 하나씩 직접 부딪히며 커피에 대해 알아가는 과정을 거쳐 공장을 짓게 되었습니다. 같이 배우고 성장하면서 우리 것을 만드는 것이 중요하다고 생각했죠. 초기부터 연구개발실을 갖추고 시작한 것도, 트레이닝, R&D, 공장에 10년 이상 함께 해온 분들이 많은 것도 그 때문입니다. 인적 투자와 R&D 분야에 대한 투자는 커피 전문기업으로서 우리가 꾸준히 해나가야 하는 일이라고 여기고 있습니다. 어려운 국내 환경에서 시작했지만 우리는 계속해서 성장해 왔습니다. R&D 부분에 지속적인 투자를 하며 규모를 계속 넓혀가고 있고요. 지금은 공장의 확장 이전을 앞두고 있습니다. 우리의 규모를 한 단계 더 키워야 하는 순간이 온 것이죠.

그동안 커피 분야에 있어 많은 연구와 투자를 할 때, 루소가 어떤 점을 가장 중요하게 생각했는지 궁금합니다.

커피도 식품입니다. 어떤 식품이든 맛을 내는 데 있어 일관성이 가장 중요합니다. 과자 하나를 만들어도 항상 같은 맛을 유지해야죠. 아무리 유명한 식당이라도 평소와 맛이 달라지면 손님이 먼저 알아차립니다. 그런데 커피에 있어 일관성을 유지한다는 게 굉장히 어려운 일입니다. 생두를 수급하는 것부터 일이죠. 같은 지역에서 가져온 생두라고 해도 운반하면서 습도와 온도에 따라 맛이 달라집니다. 생두를 보관하는 장소에 따라 또 다른 맛을 내고요. 물론 로스팅 과정에서도 영향을 주죠. 생두를 가져와 소비자에게 커피 한 잔으로 내놓기까지 신경 써야 할 부분이 한두 가지가 아닙니다. 요즘 우리나라에도 로스터리 카페가 굉장히 많아졌는데 잘하는 곳도 있지만 1~2년 반짝하고 사라지는 곳도 많습니다. 그들의 커피가 맛이 없기 때문이라고는 생각하지 않습니다. 다만, 아무리 맛있는 커피라도 매번 커피 맛이 달라진다면 소비자들에게 신뢰를 주기 힘든 것이죠.

'일관성'과 '신뢰'가 어떻게 연결되는지 크게 와닿네요. 그렇다면 어떤 맛을 기준으로 일관성을 유지하는지도 중요할 것 같은데요.

커피를 처음 시작할 때부터 커피 본연의 맛을 이끌어 내기 위해 많은 고민을 했습니다. 당시 블렌드에 사용되는 생두를 각각 로스팅 한 후에 원두를 배합하는 BAR Blending After Roasting 방식을 적용하면서, 각각의 커피가 가지고 있는 맛과 전체의 조화를 이끌어 낼 수 있었죠. 루소의 블렌드는 산미와 아로마를 강조하는 편인데 당시에는 트렌드와 맞지 않아 쉽게 받아들이기 어려웠던 것 같습니다. '이건 커피 맛이 아니다'라고 말하는 사람이 있을 정도였으니까요. 하지만 그 제품은 지금도 남아있고 더욱 많은 사람이 찾는 제품이 됐습니다. 계속 업그레이드시켜 왔고, 계속 찾아주는 사람이 있어서 가능한 일이었죠. 커피 맛이라는 게 취향을 타다 보니 누구는 좋아하지만 다른 누구는 싫어할 수 있습니다. 중요한 건 루소라는 이름으로 나온 커피가 같은 맛을 유지하는 것입니다. 그래야 그 맛을 좋아하는 사람을 계속 찾고 모아 시장을 이끌어 갈 수 있으니까요. 저희 R&D팀에서 제품 하나를 만들 때 보통 6개월 이상 소요됩니다. 쉽게 만들려면 하루 이틀 만에 뚝딱 만들 수도 있을 겁니다. 하지만 이렇게 오랜 공을 들이는 이유는 단순히 좋은 맛을 떠나 그걸 유지하고 발전시킬 수 있는지까지 고민하기 때문입니다.

사람들의 삶에 커피는 어떤 존재일까요?

일본에 가면 동네에 작은 커피숍이 많이 있습니다. 우리나라로 치면 70~80년대의 작은 다방들이죠. 그곳에는 노인도 오고 아이들도 옵니다. 커피를 마시는 장소가 어떤 유행에 의해 꼭 가봐야 하는 명소가 아니라 지역 주민들 삶 속에 자연스럽게 녹아든 공간인 거죠. 사람들의 삶에서 커피는 대단한 것이 아닙니다. 아침에 일어나서 상쾌하게 한 잔 마시거나, 지나가다 앉아서 잠시 쉬어가며 마시는 음료일 수 있습니다.

그렇다면, 본질적으로 루소가 전하고자 하는 커피는 무엇인가요?

커피에 다른 의미를 부여하지 않고 커피 그 자체로 느끼게 하고 싶습니다. 우리가 흔히 커피 하면 떠오르는 게 '만남의 장소'입니다. 소비자들의 관심은 여전히 커피보다 만남에 집중되어 있는 거죠. 저는 사람들이 커피를 꼭 누군가를 만나기 위한 도구가 아니라 커피 그 자체로 느꼈으면 합니다. 외국 커피 회사를 보면 원산지를 찾아다니며 커피에 대해 연구하고 커피 지식을 수십 년간 쌓아가는 곳들이 많습니다. 최근에는 우리나라에도 점점 그런 곳들이 생겨나고 있고요. 물론, 원두커피라는 문화가 생겨난 지 불과 10여 년밖에 되지 않아, 우리나라에서 '커피를 온전히 즐기는 문화'를 만드는 게 하루아침에 되기는 힘들겠죠. 하지만 저희는 그것이 커피의 본질이라고 생각합니다. 루소는 앞으로 10~20년이 더 걸리더라도 커피를 커피로 받아들이는 본질을 계속 추구해나갈 생각입니다.

The Fresh Beans

1장 최상의 생두

루소가 추구하는 생두

The Fresh Beans

좋은 생두의 기준

커피를 제조하는 공정은 단순하다. 흔히 커피콩이라고 부르는 생두에 열을 가하는 로스팅 과정을 거친 후 포장하면 끝이다. 하지만 좋은 커피를 제조하는 공정은 결코 단순하지 않다. 생두 하나를 고르는 것에도 수많은 고민이 담긴다.

루소가 생각하는 좋은 생두란 무엇일까? 기본적으로 깔끔함, 단맛, 풍부한 향미를 가지고 있으며, 결점두와 이물이 없는 생두를 말한다. 그러나 이것만으로는 루소의 원료가 되기에 부족하다. 모든 원료는 어디에서 왔는지 알 수 있도록 직접 방문한 농장에서만 구매한다는 추적가능성Traceability, 타 원료들과 다르며 명확한 관능을 추구하는 차별성Differentiation, 품종과 가공 프로세스의 다양화를 생각하는 다양성Variety, 신뢰를 바탕으로 장기적 관계 유지와 상생을 도모하는 지속가능성Sustainability. 이렇게 네 가지 기준이 더해져야 비로소 루소가 생각하는 좋은 생두가 된다. 루소가 이렇게 까다로운 기준을 추구하는 이유는 남들과 같은 원료로는 최고가 될 수 없다는 믿음과 최고의 품질로 고객에게 신뢰를 얻는다는 철학 때문이다.

좋은 생두의 기준을 정립하기까지 쉽지만은 않았다. 구매하고자 하는 생두의 스펙이 너무 구체적이면 협업할 업체가 줄어들어 구매팀 입장에서는 단가 협상을 하는 데 큰 제약이 될 수밖에 없다. 또, 몇 개의 생두를 구매하기 위해 수십 개의 업체와 연락하여 수백 개의 샘플을 검토하고 피드백을 주고받아야 하기에 업무의 양이 엄청나게 증가하는 문제도 있었다.

결국, 2014년과 2016년 두 번에 걸쳐 중장기 계획을 세우고 팀 간 이견을 좁히는 과정을 거쳐 기준을 보다 명확하게 할 수 있었다. 현재는 다이렉트 트레이드로 수급하는 생두에 한해 해당 기준을 적용하고 있으며, 루소에서 사용하는 전체 원료로 확대하는 것을 목표로 하고 있다.

최고의 원료를 위한 최선의 노력

좋은 원료를 선정하고 좋은 커피를 시장에 내놓기 위해 루소는 그간 어떤 노력을 해왔을까? 루소의 탄생부터 지금까지 모든 순간을 지켜본 이유희 본부장을 통해 지난 10년간 최고의 원료와 커피를 추구해온 루소의 도전을 들어본다.

안녕하세요. 자기소개 부탁드립니다. 루소에서 어떤 업무를 맡고 계시나요?

안녕하세요. 씨케이 코퍼레이션즈에서 본부장으로 근무하고 있는 이유희 이사입니다. 저는 저희 회사가 커피 사업을 막 시작하던 2004년에 입사했어요. 커피 쪽을 전공한 건 아니지만, 생물과 환경 분야를 공부하며 실험실에서 10년간 있었고, 일본에서 4년 반 동안 유학을 했습니다. 당시 일본에서 설비 공장, 생산과 R&D 관련 업무를 배워 제품 개발과 품질 관리를 위한 R&D팀, QC팀 등 실험실을 꾸려나갈 사람이 필요했는데 회사의 상황과 제 경험이 맞아 함께 일하게 됐어요. 노현구 전 공장장님과 함께 일본 업체 이시미쯔의 KACR 칸사이 공장에서 6개월 정도 공부한 후 돌아와 QC, R&D팀을 본격적으로 구성하고, 2008년에는 루소 브랜드 론칭 업무도 맡았어요. 회사도 저도, 함께 커피를 공부하고 연구하며 성장해왔죠. 지금은 사업 계획과 전략 방향을 고민하고 있습니다.

커피 사업을 시작하는 데 있어 가장 중요하게 생각한 부분이 있다면 무엇인가요?

공장 설비를 갖추면서 연구실도 함께 마련했습니다. 사업 초기부터 품질관리에 신경을 많이 썼거든요. 로스팅 기술을 배워가는 때라 좋은 생두를 수급하는 데 중점을 두었어요. 현재는 2014년과 2016년에 걸쳐 수립한 우리만의 좋은 생두의 기준을 명확하게 가지고 있습니다. 이 기준을 수립할 때까지 여러 과정을 거쳐왔는데,

초기에는 맛의 '일관성'을 가장 중요하게 생각했어요. 그다음은 부정적인 맛을 내지 않는 것이었죠. 당시 다양한 커피 관능에 대한 문화가 발달하지도 않았고 여러 사람이 함께 고민하고 결정할 수 있는 시스템이 아니었거든요. 저 혼자 결정하고 생두를 수급해야 하는 상황이라 1년에 3~4번은 출장을 다녔어요. 커피 문화가 발달한 일본이나 미국, 유럽 그리고 원산지의 농장을 다니며 다양한 관능을 수시로 경험했죠. 맛의 일관성을 가지면서 국내 시장에 소개하기 좋은 생두를 찾으려고 노력했습니다.

좋은 생두의 기준을 수립하기 위해 2014년과 2016년에 구체적으로 어떤 작업들을 진행했나요?

우선 루소가 정한 좋은 생두의 기준은 4가지입니다. 다양성, 차별성, 지속가능성, 추적가능성을 가진 생두를 선택하려고 하죠. 처음부터 구체적인 기준이 있었던 것은 아니에요. 초기에는 미국 스페셜티 커피 협회Specialty Coffee Association of America의 기준을 가져와서 우리에게 맞게 적용했어요. 그게 2011년이었는데 3년 정도 해보니 우리만의 규격을 만들 때가 됐다는 생각이 들었습니다. 2014년도에는 커피를 평가하는 기준을 객관화하기 위해 항목 별로 점수화하는 작업을 했고요. 그 안에 여러 활동이 있었지만 구체적으로 생두의 기준을 논의한 건 2016년이에요. 장기적인 관점에서 앞으로 싱글 오리진 커피를 어떻게 운영할 것인지에 대한 방향을 정하면서 우리만의 기준을 마련한 거죠. 원산지를 대륙 거점

으로 지정한 후 주변으로 확장하는 방법이 이때 나온 아이디어예요. 산지와의 커뮤니케이션을 확대하고 다이렉트 트레이드를 위한 TF팀을 만들어서 적극적으로 활동하기 시작했고요.

커피를 평가하는 기준의 객관화를 시도했다는 점도 눈에 띄는데요.
흔히 커피는 기호식품이라고 말해요. 그만큼 맛에 있어서 주관적인 영역이 큰 분야예요. 하지만 품질과 맛의 일관성을 유지하고 평가하기 위해서는 객관화하는 것이 필요합니다. 한두 명의 의견이 아닌 다수의 의견이 필요하죠. 이를 위해서 2013년부터 '마스터 패널'이라는 프로그램을 운영하고 있어요. 커피 관능에 있어 집단지성을 활용하는 방식이라고 할 수 있죠. 마스터 패널은 맛이 있다 없다 정도가 아니라 설탕 10g, 15g, 20g의 차이를 느끼고 표현해주는 사람들이에요. 이런 인적 인프라를 갖추기 위해 맛에 예민한 사람들을 선별하고 집중적으로 훈련을 했습니다.

마스터 패널은 루소 커피 개발에 있어 어떤 방식으로 활용되나요?
예를 들어 어떤 제품의 쓴맛이 5점인데 그걸 4.5점 정도로 낮추는 제품 개선 작업을 할 때 마스터 패널의 활약이 큰 도움이 돼요. 쓴맛을 낮춘 제품 A, B, C 중 쓴맛 4.5점에 어울리는 제품을 마스터 패널이 골라요. 그럼 개발팀은 그 제품을 기준으로 다시 세분화된 제품을 내놓고, 마스터 패널이 다시 선택하는 과정을 통해 원하는 맛에 점점 가까워지는 거죠.

마스터 패널과 함께 커피 업계 최초로 전자코도 도입했다고 들었어요. 전자코 도입은 어떤 의미를 갖나요?
전자코 도입은 마스터 패널과 거의 같은 시기에 검토했어요. 워낙

고가의 장비라 바로 도입할 순 없었지만 그래도 커피 업계에서는 최초의 도입이었죠. 잘 훈련된 마스터 패널을 통해 커피의 관능을 점수화할 수 있지만, 그걸 객관적인 데이터로 분석할 수 있는 장비가 있으면 더 좋겠다는 생각으로 추진한 거예요. 결국, 소비자는 사람이니깐 저희도 마스터 패널 같은 사람 중심으로 가되, 기계를 보조적인 수단으로 가져가 전문성을 높이고 싶었죠. 전자코는 저희가 평가한 것이 정말 맞는지 데이터를 통해 확인하는 수단으로 사용하고 있어요. 마스터 패널이 과일향이 난다고 평가하면, 어떤 요소 때문에 그런지 전자코 분석을 통해 수치로 확인할 수 있는 거죠.

그동안 좋은 생두를 선정하고 수급하기 위해 많은 노력을 해왔는데, 이러한 노력을 통해 나온 결과 중 가장 기억에 남는 성과는 무엇인가요?

2013년에 출시한 시그니처 블렌드가 가장 기억에 남습니다. 마스터 패널과 소비자 조사 결과를 반영했고, 개발 프로세스의 정도를 거쳐 만든 제품이기 때문이에요. 출시 이후에도 계속 리뉴얼을 하고 있는데 2018년부터 전 원료를 다이렉트 트레이드로 수급하기 시작했습니다. 생두 수급부터 개발까지 지금까지 말씀드렸던 저희 노력이 집약된 제품이라고 생각해요.

결국, 생두 그리고 원두에 있어 루소는 어떤 점을 지향하는 회사인가요?

명확하게 정의할 수 있을 것 같아요. 루소가 추구하는 건 전문성과 진정성 두 가지입니다. 그동안 저희의 노력은 이 두 가지를 높이기 위한 과정이었다고 생각해요. 물론, 저희가 커피를 시작한 지 10년밖에 안 됐기 때문에 100년 이상 커피를 만들어온 곳에 비하면 시작 단계겠죠. 완성된 건 아니라고 생각해요. 앞으로 전문성과 진정성 두 가지를 모두 높이기 위해 어떻게 계속 우리의 방식을 만들고 풀어가느냐가 과제라고 생각합니다.

끝으로, 지난 10년간 루소의 시작과 성장을 지켜보면서 느낀 점이 있다면 무엇인지 말씀 부탁드려요.

개인적으로 느낀 점을 말씀드리면 저는 행운아라고 생각해요. 커피 시장을 보면서 단순히 개발자로만 일하지 않고, 때로는 마케터로서, 때로는 협력사를 맞추는 영업맨으로서, 교육 프로그램을 만드는 교육자로서, 그리고 매장의 매출까지 살피는 관리자로서 굉장히 다양한 일을 해왔어요. 이런 다양한 경험을 통해 업무를 내 입장에서만 보지 않고 전체적인 시각으로 볼 수 있었던 것 같아요. 내 입장을 넘어 다른 입장에서 생각하면 협업도 빠르고 판단도 빨라지거든요. 그리고 상대방의 입장을 고려하며 나온 결과물일 때 실패해도 서로를 보듬어줄 수 있는 거고요.

전자코

관능의 객관화와 다양성을 위한 노력

커피 맛 평가의 기준 수립

커피에는 다양한 맛과 향이 있다. 하지만 커피를 평가할 때 자신의 경험 또는 기억에 의존하거나 주관적인 성향을 따르면 다른 결과가 나타나기도 한다. 루소는 커피 관능의 객관적인 자료를 모으고 기준을 마련하기 위해 2013년부터 '마스터 패널'이라는 프로그램을 운영하고 있다. 마스터 패널은 참여를 희망하는 직원 중 자체적인 관능 민감도 시험을 통과한 10인으로 구성되었다. 이들은 공통된 언어로 커피의 향미를 평가하고 유사한 수준의 관능 민감도를 갖기 위해 주 1회 정기적인 훈련을 받고 있다.

커피에서 말하는 향미는 실제 대상과 차이가 있다. 실제 아몬드, 초콜릿의 맛과 커피에서 느껴지는 아몬드, 초콜릿의 맛이 다른 것과 같다. 마스터 패널은 커피 향미에 대한 공통된 기준을 갖고자 원물 훈련을 통해 커피에서 나타나는 향을 인지하고 특성을 도출하는 과정을 반복했다. 원물 훈련은 캐슈넛, 아몬드, 땅콩 같은 원물을 맛본 뒤 그 향미를 기억하고 커피에 섞어 어떤 형태로 느껴지는지 확인하는 방식으로 진행됐다. 향미의 강도는 1부터 15까지 숫자로 표시하는데 칼리브레이션Calibration을 통해 강도의 기준과 범위를 맞췄다. 이 과정을 통해 2017년에는 커피 관능 평가 훈련의 내부 기준이 되는 원물 기준서를 만들었다.

정식 훈련을 거친 마스터 패널은 원료 수급에 있어 샘플을 평가하고, 개발 또는 개선된 제품의 출시를 판단할 때 객관적인 자료를 제공하는 데 투입된다. 뿐만 아니라 관능을 기준으로 싱글 오리진Single Origin 커피를 6개의 그룹으로 분류한 '관능 맵핑Mapping' 프로젝트에도 참여했다. 최근에는 전자코를 활용한 커피 향 성분 분석 결과를 마스터 패널의 관능 평가 결과와 비교해 향 성분과 사람이 느끼는 관능의 상관관계를 연구하고 있다.

다양성 확보를 위한 관능 맵핑

루소는 2017년 말부터 루소랩에서 판매할 신규 싱글 오리진 커피를 선정할 때 관능 맵핑을 활용하고 있다. 관능 맵핑은 관능 클러스터링Clustering과 동일한 개념으로, 여러 종류의 커피를 관능 기준으로 분류한 것을 말한다. 루소가 분류한 관능 맵핑은 총 6가지로 나뉜다. 마스터 패널이 싱글 오리진 커피의 관능 프로파일을 분석하고, 관능적으로 겹치지 않는 6종의 샘플을 선정했다. 다시 해당 샘플을 가지고 고객들이 6가지 커피의 향미 차이를 인식하는지 소비자 조사를 통해 검증하는 과정을 거쳐 만들었다. 이전에는 커피 품질 등급에 따라 COECup of Excellence, 스페셜티Specialty, 프리미엄Premium으로 구분하였으나 커피의 다양한 향미를 소개하기 위해 새로운 방식을 도입한 것이다.

루소는 단순히 싱글 오리진 커피의 종류와 개수로 커피의 다양성을 말하지 않는다. 고객이 관능의 차이를 구별할 수 있는 커피를 개발하고 소개하는 것이 진정한 의미의 다양성이라고 생각하기 때문이다.

원료를 수급하는 방식

The Fresh Beans

원료를 수급하는 두 가지 방법

루소는 우수한 커피 관능과 품질을 확보하고 산지와 지속적으로 상생하며 루소만의 차별화를 모색하고 있다. 이를 위해 R&D팀, 마케팅팀, 구매팀, 트레이닝팀으로 구성된 다이렉트 트레이드 TF팀을 만들어 운영하고 있으며, 이 방식을 점차 확대해 나가고 있다. 또한 원료 수급에 있어 필요한 운송, 기타 제반 사항을 효율적으로 처리하기 위해 글로벌 무역상사와 같은 트레이더를 적절히 활용해 좋은 가격에 좋은 커피를 소비자에게 전달하기 위해 지속적으로 노력하고 있다.

장기적인 관계 구축, '다이렉트 트레이드'

스페셜티 커피는 농장주의 많은 정성과 노력이 동반되어야 탄생한다. 그들은 오랜 시간 토지와 나무에 투자하고 수확과 가공에도 많은 연구와 노력을 아끼지 않는다. 이렇게 탄생한 원료를 제대로 이해하기 위해서는 농장을 방문해 그들과 생각을 나누고 재배와 가공 환경을 확인하는 과정이 필요하다. 이러한 직접 거래 방식은 농장의 현지인들 입장에서도 자신들이 재배한 원두를 누가 사 가는지 정확히 알 수 있기에, 정보 교환과 교류를 통해 장기적인 관계를 맺을 수 있는 장점이 있다.

다이렉트 트레이드의 과정은 먼저, 어느 나라의 커피를 얼마큼 구매하여 제품화할지에 대한 개발 계획을 세우는 과정, 그 계획을 실현하는 데 적합한 농장 정보를 모으는 과정, 현지에 가서 농장을 둘러보고 품종과 프로세스를 확인한 후 관능과 커핑을 통해 구매를 결정하는 과정으로 이루어진다.

직접 농장을 방문해 거래하면 원료에 대한 정보를 명확히 확인할 수 있다. 다이렉트 트레이드 방법을 추구하는 가장 큰 이유는 생산자와 함께 교류하고 이해하며 더 나은 미래를 위한 상생을 추구할 수 있기 때문이다.

커피 농장과 루소의 연결고리, '트레이더'

루소의 원료 수급에 있어 다이렉트 트레이드 방식 외에도 트레이더를 적절히 활용하는 것도 매우 중요하다. 트레이더란 생두를 공급해주는 사람들을 일컫는 단어로 주로 유럽, 미국, 일본 등에 위치한 글로벌 무역상사를 말한다. 이들은 커피 원산지에 자회사나 사무소를 보유하여 생산자인 농장과 루소와 같은 소비자를 연결해주는 역할을 한다.

트레이더를 통해 원료를 수급하는 방식의 가장 큰 장점은 가격 경쟁력과 원료 수급의 안정성을 들 수 있다. 트레이더는 커피 산지에서 대량으로 원료를 수급하기에 단가 경쟁력이 뛰어나다. 단가 경쟁력이 높아지면 좋은 가격에 맛 좋은 커피를 소비자에게 소개할 수 있어 큰 이점이 된다. 또, 개별 농장과 직접 거래하는 것보다 파산에 의한 계약 불이행의 위험이 낮다는 장점도 있다.

커피는 농산품이다. 농산품은 공산품과 다르게 재배, 수확, 유통 과정에서 수많은 변수에 의해 품질이 달라질 수 있다. 트레이더는 많은 인프라를 구축하고 있어 여러 변수에 대한 대응이 가능하며, 비교적 일정한 품질의 원료를 안정적으로 공급해줄 수 있다. 이러한 장점 때문에 루소는 농장과 직접 거래하는 다이렉트 트레이드 방식에서도 트레이더를 적절히 활용해 가고 있다.

루소와 생산자를 잇다,
마루베니

루소의 트레이더 마루베니는 일본에 소재한 글로벌 무역상사로 주로
브라질 커피 공급을 담당하고 있다. 루소가 마루베니를 통해 들여오는
브라질 커피는 연간 약 76t(2017년 기준)으로 컨테이너 4대 분량에 달한다.
마루베니가 바라보는 루소는 과연 어떤 곳일까?

안녕하세요. 인터뷰에 응해주셔서 감사합니다. 마루베니는 어떤 회사인가요?

안녕하세요. 마루베니의 8년 경력 커피 전문 트레이더 다이키 니시야마라고 합니다. 마루베니는 커피뿐만 아니라 오일, 전기 플랜트, 곡물 등 많은 영역을 다루는 일본의 글로벌 무역상사입니다. 일본에서는 약 30%의 시장점유율을 차지할 만큼 많은 로스팅 회사와 음료 제조 업체에 생두를 판매하고 있어요. 한국에서도 15~20% 정도의 점유율로 생두를 공급하고 있습니다.

루소와 마루베니는 언제부터 거래를 시작했나요? 그 계기가 궁금합니다.

마루베니와 루소가 거래를 시작한 지 벌써 10년이 넘었습니다. 저희가 매일유업과 거래하던 중 씨케이 코퍼레이션즈가 매일유업에 들어가는 원두를 로스팅하면서 자연스럽게 알게 되었어요. 이후 매일유업에 납품하는 원두와 별개로 씨케이 코퍼레이션즈의 브랜드인 루소의 원두 공급을 담당하게 되며 본격적인 거래를 시작하게 되었습니다.

루소의 생두 수급에 있어 마루베니는 어떤 역할을 하고 있나요?

저희는 단순히 루소에 생두를 안정적으로 공급하는 트레이더 역할만 하는 게 아니라, 산지에서 루소가 원하는 수준으로 생두의 품질을 향상시키고, 산지와 루소의 관계를 관리하는 역할까지 합니다. 또, 저희가 거래하는 지역 중 루소가 방문하고 싶어 하는 지역이나, 농장을 연결해주고 함께 산지를 찾기도 하죠.

거래에 있어 루소가 가장 중요하게 요구하는 점은 무엇인가요?

루소는 일정하고 안정적인 품질을 가장 중요하게 생각하는 것 같아요. 매년 거래하고 있는 생두의 품질이 일정하게 유지될 수 있도록 지속적으로 요청받고 있습니다. 커피가 농산물이다 보니 수확할 때마다 맛의 차이가 발생할 수 있는데 이 부분을 맞추는 것이 저희로서는 굉장히 어려웠습니다. 또, 루소는 커피 맛의 기준이 명확합니다. 이 부분을 만족시키는 것 또한 매우 까다롭지만 루소에게 매우 중요한 부분이라는 걸 저희도 충분히 이해하고 있습니다.

다른 거래처와 비교했을 때 루소만의 강점은 무엇이라고 생각하시나요? 다른 거래처보다 훌륭하다고 느끼는 점이 있나요?

동종 업계 입장에서 말하자면 루소는 한국 커피 시장의 방향을 굉장히 정확하게 예측하고 제시하는 브랜드입니다. 커피 품질에 집중한 최초의 한국 브랜드라고도 할 수 있죠. 원두를 감별하는 큐그레이더 교육 기관을 한국 최초로 설립한 것만 봐도 루소가 집중하는 게 무엇인지 보이니까요.

10년 동안 거래해오며 루소가 변화한 부분은 무엇인가요?

양이나 질적인 면에서 급격한 성장을 이룬 것이 가장 인상적인 부분입니다. 특히 아카데미와 카페의 역할을 하는 루소랩을 오픈한 후 눈에 띄게 성장하고 있다고 생각합니다.

마루베니의 많은 거래처 중 루소는 어떤 의미를 가진 곳인가요?

우리에게 루소를 포함해 씨케이 코퍼레이션즈는 한국에서 가장 오래된 파트너로 함께 수차례 커피 산지를 방문하며 서로를 성장시켜온 좋은 비즈니스 파트너입니다. 또, 루소를 통해 어떻게 한국 커피 시장을 예측하고 확장해 가야 하는지 배울 수 있어 굉장히 소중한 파트너라고 생각합니다.

최고의 원료를 수급하기 위해

루소는 오랜 시간 내부적 협의를 통해 커피 자체로 차별화할 수 있는 4가지 기준을 세웠다. 이 기준에 맞는 생두를 수급하기 위해 2015년부터 다이렉트 트레이드에 심혈을 기울이고 있다.

루소에서 R&D팀은 주로 어떤 일을 하나요?
시장 조사, 원료 서칭, 로스팅 프로파일 구축, 포장 조건 설정, QC Quality Control 점검 등 원료부터 추출까지 제품이 만들어지는 전 과정에 대해 연구하고 개발하는 일을 합니다. 저는 R&D팀을 총괄하면서 신메뉴 개발과 로스팅 교육도 진행하고 있어요. 또 R&D팀 대표로 다이렉트 트레이드 TF팀에도 소속되어 있습니다.

다이렉트 트레이드는 전담 부서가 있는 것이 아니라, TF팀으로 움직이는군요. TF팀은 어떻게 구성되나요?
R&D팀, 마케팅팀, 구매팀, 트레이닝팀 등 총 네 개의 팀에서 움직이고 있어요. 모두 커피를 평가할 수 있을 정도의 수준이 되어야 하고, 원활한 커뮤니케이션을 위해 영어도 어느 정도 할 줄 알아야 합니다. 서로의 역할이 조금씩 달라요. 마케팅팀은 농장의 정보나 사진, 동영상 등 마케팅 자료를 확보하고 농장주와 인터뷰를 하면서 서로의 가치를 공유하고 이야기를 만드는 데 중점을 둡니다. 구매팀은 물량과 단가, 그리고 물류가 어떻게 이동하는지 확인해요. 선적 조건도 보고요. R&D팀은 품종이나 가공 프로세스, 관능을 위주로 보죠. 트레이닝팀은 저희와 비슷하지만, 교육을 하기 위한 목적으로 움직입니다.

다이렉트 트레이드 TF팀을 다양한 인력으로 구성한다는 점이 흥미롭네요.
우리의 방식은 일반적으로 그린빈 헌터라고 불리는 사람들이 움직이는 것과는 차이가 있어요. 여러 이유가 있지만, 회사 입장에서 볼 때 특정 인원이 아니라 각 부서에서 원료 수급에 대한 역량을 골고루 갖춘다는 것이 큰 장점입니다. 또 담당 업무에 따라 산지에서 집중적으로 보는 부분들이 다르다 보니 다양한 방면에서 보다 심도 있게 파악할 수 있어요. 이런 장점들이 모여 우리만의 콘텐츠가 되고 고객들에게 전달되는 것이죠. 보통 커피 산지는 로스터리 카페의 대표나 큰 회사의 그린빈 헌터들이 방문해요. 그렇다 보니 여러 팀에서 함께 농장을 방문하면 우리를 굉장히 큰 회사라고 생각하는 것 같아요.(웃음)

TF팀을 처음 시작할 때 가장 신경 쓴 부분은 무엇인가요?
처음에 가장 중점을 둔 건 당연히 좋은 커피를 찾는 것이었어요. 그런데 막상 산지에 가보니 여러 가지가 얽혀 있었어요. 양쪽에서 서로 신뢰가 형성되지 않은 상태에서는 어떤 커피를 언제, 얼마큼 구입할 것인지 협의하는 일이 쉽지 않거든요. 처음에는 우리가 어떤 요청을 해도 들어주지 않으려 하고, 기존 거래처들에 비해 우선순위에서 밀려 있는 것 같았어요. 그래서 지금 가장 신경 쓰고 있는 부분은 농장주와의 신뢰라고 말씀드리고 싶어요. 한 번 거래를 시작하면 2~3년이 아니라 더 장기적으로 관계를 이어나가기 위해 노력하고 있어요. 농장주도 우리가 한 번 스쳐 지나가는 곳이 아니라 계속 함께하는 곳이라고 느껴야 마음을 열 수 있으니까요. 반면 거래를 못 하게 된 농장의 경우 우리가 선택하지 않은 이유에 대해 명확하게 설명해주고 있어요. 그래야 그들도 상황을 이해하고 다음 기회에 다시 관계를 만들 수 있기 때문이죠.

생각보다 더 긴 시간의 관계를 염두에 두고 진행하는 거군요.
농장의 입장에서는 커피를 심은 지 3년은 되어야 첫 수확을 해요. 농장마다 다르지만, 그다음 5~10년 정도 수확을 하고 나면 커피나무를 베고 다시 똑같이 3년을 기다려야 해요. 이렇게 오랫동안 정성이 들어가는 일인데 저희가 가서 무조건 저렴하게만 구매하려고 하면 그 사람들 입장에서는 커피를 포기하고 다른 작물을 심거나 차라리 소를 키우고 싶겠죠. 그렇다면 우리도 좋은 품질의 원료를 얻을 수 없는 거고요. 그렇기 때문에 정당한 대가를 지급하는 것이 옳다고 생각해요. 간혹 비가 너무 많이 오거나 자연재해로 커피 품질이 떨어지는 경우가 있어요. 커피만 보고 우리가 거래처를 확 바꿔버리면 그 농장이 버티기 힘들 거예요. 결국, 지속가능성이라는 게 저희만 생각하면 안 되는 것이죠. 농작물이기 때문에 어쩔 수 없이 감안해야 하는 부분이 있는 것 같아요.

앞서 계속 함께하는 곳이라는 것을 느끼면 농장주가 마음을 연다고 하셨는데, 이런 관계가 구축되면 어떤 점에서 도움이 되나요?
지속적으로 거래를 진행하게 되면 이후에는 저희가 요구하는 것들에 대해 수용을 해주는 편입니다. 새로운 프로세스를 도입하거나 품종을 개량하는 등의 작업을 함께 할 수 있고 개선된 생두를 우선적으로 선택할 수 있게 되죠.

그럼 루소가 원산지에 도움을 주는 부분도 있나요?
한국 시장에 호기심이 많아요. 그리고 그들의 커피가 한국에서 어떤 반응을 얻고 있는지도 많이 궁금해하죠. 그래서 거래가 이루어지고 있는 곳들을 방문할 때는 국내 시장의 반응을 전달해 줍니다. 어떤 프로세스나 품종이 인기가 높은지, 고객들이 그들의 커피를 어떻게 평가하는지 등은 산지에서 알기 어려운 부분이거든요. 원산지를 방

문할 때 그 원산지의 원료로 만든 제품을 꼭 가지고 갑니다. 소소한 피드백이라고 여길 수도 있지만 생산자 입장에서는 중요한 정보가 된다고 생각해요.

그렇다면 주로 어떤 곳들을 방문하나요? 방문 산지의 선정 기준이 따로 있는지 궁금합니다.

우리에게 중요한 곳들을 대륙별 거점으로 정해놨어요. 중남미를 예로 들면 코스타리카가 중요한 거점이에요. 중남미에 방문한다면 코스타리카는 꼭 들르고 다른 곳을 방문하는 식이죠. 한 곳과 지속적으로 거래하고, 그 대륙의 생두 흐름을 파악하며 다른 원산지로 점차 넓혀가는 편이에요.

산지에서는 어떤 과정을 통해서 커피를 구입하게 되나요?

사전에 구입할 물량과 금액의 가이드라인을 정하고 움직입니다. 실제적인 구입은 농장을 방문해서 커피 샘플을 테스트하는 것부터 시작하죠. 원하는 커피를 발견하면 언제, 얼마큼 구입할지 계약을 하고 현지 파트너를 통해 국내로 입고하게 됩니다. TF팀 운영 초기와 달라진 점이 있다면 산지 출장자가 구매 결정 권한을 가지고 있다는 것이에요. 기존에는 산지에 방문해서 마음에 드는 생두가 있으면 한국으로 샘플을 가지고 왔어요. R&D팀의 테스트를 통과하면 구매팀을 통해서 구입을 진행했죠. 그런데 산지를 계속 방문하다 보니 현지에서 바로 계약하지 않으면 구입하지 못하는 경우가 많다는 걸 알게 됐어요. 그래서 2017년부터 출장자가 구매 권한을 갖게 됐습니다.

그동안 다이렉트 트레이드를 진행하며 생긴 노하우가 있나요?

어떤 기술적인 부분보다 결국 '사람'이 가장 중요하더라고요. 사람과 사람이 하는 일이다 보니 서로 호감을 갖고 친해졌을 때 좋은 결과가 나오는 것 같아요. 산지에 방문할 때 정성이 담긴 작은 선물을 준비하거나, 개인적으로 현지 사람들과 자주 안부를 나누려고 노력합니다. 하지만 무엇보다 중요한 건 뱉은 말을 꼭 지키는 거예요. 그래야 신뢰가 쌓이니까요.

내부적으로 중요하게 생각하는 부분도 있을 것 같아요.

생두를 처음 선택하는 사람부터 소비자에게 전달하는 사람까지 전부 같은 목소리를 내는 게 가장 중요해요. 또 농장에 자주 가고 다양한 커피를 선택해서 고객들에게 잘 전달해야 하기 때문에 네 개 팀의 팀워크가 잘 맞아야 합니다. 산지에서 경험한 이야기부터 커핑, 제품화까지 거의 모든 단계에서 논의되는 이야기를 공유하고 있어요.

궁극적으로 루소가 다이렉트 트레이드를 통해서 전하고자 하는 것은 무엇인가요?

굉장히 모범답안이라고 할 수 있지만 결국은 루소에서 다양하고 좋은 커피를 선보이는 것이에요. 개인적으로 이 모든 일이 고객들의 한마디를 듣기 위한 과정인 것 같아요. "루소 커피는 어딘가 다른데 맛있다."

원산지 이야기

The Fresh Beans

산지 히스토리

AFRICA

2011
- Kenya AA
- Ethiopia Sidamo Guji
- Kenya Peaberry Rift Valley
- Ethiopia Yirgacheffe Wondo
- Rwanda Lake Kivu

2012
- Kenya AA
- Ethiopia Sidamo Guji
- Kenya Mombasa AA
- Kenya Peaberry Rift Valley
- Ethiopia Yirgacheffe Wondo
- Rwanda Lake Kivu
- Kenya Eaagas Estate AA

2013
- Kenya AA
- Ethiopia Sidamo Guji
- Kenya Mombasa AA
- Kenya Peaberry Rift Valley
- Ethiopia Yirgacheffe Wondo
- Rwanda Lake Kivu
- Kenya Peaberry Plus Gakuyini
- Kenya Eaagas Estate AA
- Ethiopia Yirgacheffe Chelba
- Rwanda Mahembe
- Burundi Kibungere

2014
- Kenya Mombasa AA
- Ethiopia Yirgacheffe G2, Chelba
- Kenya Specialty (CLI)
- Ethiopia Shakiso
- Kenya Kianzavi
- Ethiopia Sidamo G2
- Ethiopia Nekisse Red

2015
- Kenya Githongo PB
- Ethiopia Duromina
- Burundi Kayanza AA
- Kenya AA TOP

2016
- Ethiopia Yirgacheffe
- Ethiopia Koke Honey
- Ethiopia Sidamo Natural Decaf.
- Ethiopia Koke Honey

2017
- Kenya AA TOP
- Ethiopia Yirgacheffe
- Kenya Red Mountain AA
- Ethiopia Sidamo G2
- Ethiopia Kochere G3
- Kenya AATOP
- Ethiopia Hambella G1

ASIA

2012 Indonesia Aceh Gold
2013 Indonesia Aceh Gold
2016 India Krishnagiri

PACIFIC OCEAN

2011 Hawaiian Kona Extra Fancy
2013 Hawaiian Kona Extra Fancy
2015 Hawaiian Kona Extra Fancy

CENTRAL AMERICA

2011
- Costa Rica SHB
- Guatemala Huehuetenango
- Costa Rica Zarcero 2010
- Costa Rica Flor Del Café 2009
- El Salvador San Joaquin 2010
- Jamaica Blue Mountain

2012
- Costa Rica SHB
- Costa Rica Tarrazu SHB
- Guatemala Huehuetenango
- Guatemala Antigua SHB.
- Costa Rica Flor Del Café 2009
- El Salvador San Joaquin 2010
- Guatemala La Macadamias 2011
- El Salvador Malacara 2011
- Brazil Gleba Sao Francisco 2011
- Guatemala Santa Isabel 2012
- Mexico Altura Decaf
- Jamaica Blue Mountain

2013
- Costa Rica SHB
- Costa Rica Tarrazu SHB
- Guatemala Huehuetenango
- Guatemala Antigua SHB.
- El Salvador Finca La Esmeralda
- Costa Rica Flor Del Café 2009
- El Salvador San Joaquin 2010
- Guatemala La Macadamias 2011
- El Salvador Malacara 2011
- Brazil Gleba Sao Francisco 2011
- Guatemala Las Macadamias 2012
- Costa Rica La Ladera 2013
- Mexico Altura Decaf
- Jamaica Blue Mountain
- Panama Geisha Perci
- Panama Geisha Juliette
- Guatemala Santa Isabel 2012

2014
- Costa Rica La Ladera
- Panama Geisha Juliette
- El Salvador Finca El Arco
- El Salvador Fany
- Mexico Retiro
- Guatemala Limonar
- Panama Geisha Perci
- El Salvador Pena Redonda
- Guatemala San Guayaba
- El Salvador COE 2014 #1
- Guatemala Finca Puerta Verda

2015
- El Salvador Santa Rosa #1
- Panama Don Pepe
- Nicaragua El Naranjo Dipilto
- Honduras Flor de café
- Costa Rica Finca macho
- Costa Rica Tarrazu SHB
- El Salvador Finca Ataisi
- Mexico Finca Nueva Linda
- Guatemala Kalibus La Sierra #1
- El Salvador Divina Providencia
- Honduras Finca Mi Esperanza #1
- Nicaragua El Ojo De Agua
- Honduras Moreno

2016
- Guatemala El Injerto
- Nicaragua Sabanas Honey
- El Salvador Himalaya Divisadero COE #5
- Guatemala Kalibus La Sierra COE#1
- Costa Rica Tarrazu SHB
- Honduras Moreno
- Guatemala El Injerto
- Costa Rica Senel Campos

2017
- Guatemala Huehuetenango Decaf
- Costa Rica La Pira De Dota
- Panama Finca Lerida Geisha
- Costa Rica Tarrazu SHB
- Costa Rica Vara Blanca

SOUTH AMERICA

2011
- Brazil Cerrado No.2
- Colombia Supremo Huila
- Colombia Narino
- Colombia Organic RA
- Brazil Decaf

2012
- Brazil Cerrado No.2
- Colombia Supremo Huila
- Colombia Narino
- Colombia Organic RA
- Brazil Decaf
- Peru HB Decaf

2013
- Brazil Cerrado No.2
- Colombia Supremo Huila
- Colombia Narino
- Colombia El Silencio 2013
- Brazil Decaf
- Peru HB Decaf
- Colombia Geisha

2014
- Colombia El Silencio
- Brazil Cerrado No.2
- Brazil Kaquend Acaia
- Colombia Geisha
- Colombia Tolima

2015
- Brazil Paraiso Natural

2016
- Brazil Monte Alegre
- Colombia La Sierra Peineta

2017
- Brazil Tres Barras

루소가 선택한 원산지

루소는 2011년부터 루소랩을 통해 총 150여 개의 싱글 오리진 커피를 선보였다. 그중 커피 산지와 지속적인 관계 구축을 위해 거점으로 선택한 주요 원산지를 소개한다.

코스타리카

코스타리카는 18세기 후반 쿠바를 통해 커피를 재배하기 시작했다. 코스타리카는 면적의 대부분이 화산 토양에 기후가 온화하여 면적당 생산량이 많고 품질도 우수하다. 커피 생산에 있어 재배 기술과 품질 향상 그리고 생산자와 가공업자, 수출업자의 권익 보호 등을 위해 코스타리카 국립커피연구소ICAFE Instituto del Café de Costa Rica가 설치되었으며 국가적으로는 로부스타 생산을 금지하고 있다. 특히, 코스타리카 중부에 위치한 수도 산호세 남부 따라주Tarrazu 지역이 대표적인 생산지이며, 깨끗하고 적당한 산미와 단맛, 그리고 부드러운 바디의 밸런스가 우수하다는 평을 얻고 있다.

코스타리카 바라 블랑카Vara Blanca

지역 : Tarrazu, Santa Maria, Dota
해발고도 : 1,700~1,900 m.a.sl
농장주 : Mario Humberto Marin Romero

1960년대 초반부터 현재까지 3대를 이어 운영 중인 농장이다. 3대 농장주는 단순히 가업을 잇는 것이 아니라 지역 내 커피 업계 발전을 위해 운영하는 커뮤니티 참여와 스페셜티 전문 기업 100LIBRAS와의 협업 등 다양한 활동을 펼치고 있다. 또, 본인의 전공인 마케팅, 경영을 접목해 커피에 대한 소비자의 피드백 반영 등 커피 품질을 향상시키기 위한 다양한 시도와 연구를 하고 있다.

루소는 다이렉트 트레이드 방법을 통해 이곳의 원두를 수급하여 2016년부터 2017년까지 코스타라카 세넬 캄포스와 라피라 데 도타, 바라 블랑카를 출시했다. 이 커피는 다크초콜릿과 케인슈가, 자두의 맛과 부드러운 촉감을 바탕으로 여운이 오래 지속되는 특징을 갖고 있다.

과테말라

18세기 중반 예수교 선교자에 의해 과테말라에 커피가 처음 소개되었다. 하지만 실질적인 커피 재배는 19세기에 이르러서야 이주 독일인에 의해 이루어졌다. 국토 대부분이 화산지형에 고산지대로 주로 남부지역인 안티구아, 아카테낭고, 우에우에테낭고 등지에서 커피가 생산된다. 대서양의 해풍과 미네랄이 풍부한 화산재 토양으로 인해 코코아, 은은한 꽃향기, 토피넛, 감귤류의 상큼한 산미가 특징이다. 아나카페Anacafe라는 과테말라 국립커피협회에서 커피 산업을 관리 및 통제하고 있다.

과테말라 칼리버스 라 시에라 Kalibus La Sierra

지역 : El Progreso
해발고도 : 1,570~1,900 m.a.sl
농장주 : Castillo Cerezo, Pompeyo

1982년부터 운영된 농장으로 2014년 COE 1위를 차지하며 주목받았다. 2015년, 16년 내셔널 위너와 COE 1위를 수상했지만 농장 규모를 늘리지 않고 자연을 그대로 보전하기 위해 노력하고 있다. 수확량을 늘리기 위해 가지치기를 하거나 오래 자라 커피 수확량이 떨어지는 나무도 잘라내지 않는다. 그러다 보니 농장 전체 275ha 중 40ha만 커피를 재배하며 '우리가 자연을 잘 보존해야 숲도 우리에게 커피 열매와 같은 선물을 주는 것'이라는 철학을 지켜오고 있다.

2016년 6월 COE 옥션을 통해 루소가 국내에서는 단독으로 라 시에라 농장의 생두를 낙찰받았다. 과테말라 칼리버스 라 시에라 2016 COE#1은 홍차, 탠저린, 케인슈가, 카라멜, 아몬드, 훌륭한 밸런스를 특징으로 한다.

브라질

브라질은 재배에 적합한 기후뿐 아니라 값싸고 풍부한 노동력으로 인해 전 세계 커피 총생산량의 30~35%를 차지하며 세계 1위의 커피 생산국으로 명성을 유지하고 있다. 다른 생산국에 비해 다소 낮은 해발 900~1,200m 높이의 대규모 농장에서 재배된다. 주로 남동부 해안가를 따라 재배되고 있으며 현재는 미나스 제라이스Minas Gerais주가 브라질 생산량의 총 51%에 이르는 정도의 최대 생산지역이다. 생산량의 85%가 아라비카 종이며 버본, 티피카, 문도노보 등 다양한 품종이 재배되고 있다. 주로 내추럴Natural 및 펄프드 내추럴Pulped Natural 가공을 거쳐 고소한 견과류의 맛과 다크초콜릿같이 묵직한 단맛이 특징이다.

브라질 몬테 알레그레Monte Alegre

지역 : Minas Gerais
해발고도 : 1,000~1,100 m.a.sl
농장주 : Jose Francisco

1917년 시작된 농장으로, 브라질에서도 대규모 플랜테이션 농장으로 손꼽히는 곳이다. 큰 규모에도 불구하고 모든 스페셜티 커피는 직접 손으로 커피 체리를 하나씩 따는 핸드픽 방식으로 수확하고, 커피 체리 과육을 벗겨내는 펄핑 후 약 40시간 동안 자연 건조하고, 나무통에 생두를 담아 벽돌로 지어진 창고에 보관한다. 커피 품질관리에 상당한 공을 들이는 곳으로 브라질 스페셜티 커피협회BSCA Brazile Specialty Coffee Association의 인증을 받았다.

브라질 몬테 알레그레는 루소가 직접 다이렉트 트레이드를 통해 수급하는 커피로 보리, 다크초콜릿, 땅콩, 뒤에서 느껴지는 단맛, 긴 여운의 특징을 갖고 있다.

코스타리카 현지 파트너,
리카르도 아조페이파 모라

코스타리카의 현지 파트너 리카르도 아조페이파 모라는 '100LIBRAS'라는
스페셜티 전문 기업을 운영하며 코스타리카의 다양한 농장과 루소를
연결하는 역할을 맡고 있다.

안녕하세요. 코스타리카에서 어떤 일을 하고 있나요?
안녕하세요. 저는 스페셜티 전문 기업인 100LIBRAS를 운영하고 있습니다. 또, 코스타리카에서 커피 연구원으로 활동하면서 새로운 생두 품종 개발부터 농장 관리와 원두 품질 개선에 대해 연구하고 있어요. 우리의 목표는 생산자들을 올바른 시장으로 이끌고 최종 소비자들에게 양질의 커피를 제공하는 것입니다. 이를 위해 커피 농가에 끊임없이 동기 부여를 하고 있고 더 좋은 품질의 커피를 생산하도록 농업, 경영, 수확과 가공에 대해 조언하고 있습니다.

루소와의 인연은 어떻게 시작되었는지 궁금합니다.
2014년 SCAA를 통해 알게 됐어요. 첫 만남에서 커피에 대해 진정성을 갖춘 회사라고 느꼈습니다. 이후 2015년 루소가 코스타리카를 방문해 다시 만나게 됐습니다. 특히 루소는 다른 구매자들과 달리 커피에 대한 남다른 애착을 보여 우리와 더 좋은 유대관계를 유지하고 있죠.

구체적으로 루소와 어떤 교류를 하고 있나요?
루소는 우리와 함께 코스타리카의 농장들을 방문하며 최고의 커피를 찾고 있습니다. 2016년에는 루소의 초청으로 서울 카페쇼에 참가해 코스타리카 커피를 소개하는 자리도 가졌어요. 또, 루소의 '바리스타 픽' 프로젝트 커피 중 2가지가 코스타리카 커피인데, 산지에서 이 커피들을 선정할 때도 함께했습니다. 장기적으로는 당시 한국에서 배운 것들을 기반으로 한국 소비자들의 취향에 맞는, 한국을 위한 커피 개발을 루소와 진행하려고 합니다. 코스타리카 하면 따라주 지역의 커피만 알고 있는 경우가 많은데 코스타리카에서는 따라주를 포함해 총 8개 지역에서 커피를 생산하고 있어요. 지역마다 나타나는 커피의 맛과 향이 달라 다양하게 즐길 수 있는 게 코스타리카 커피의 진짜 매력입니다. 루소를 통해 코스타리카 커피의 다양한 매력을 전하는 게 우리의 목표이고요.

코스타리카는 유독 새로운 가공법이 눈에 띄는 곳입니다. 이유가 무엇인가요?
코스타리카는 기본적으로 군대가 없을 만큼 평화로운 곳입니다. 또 자연환경도 풍요롭죠. 그래서 코스타리카의 사람들은 개방적 사고를 가지고 있어요. 많은 사람이 도시로 모이지만, 대를 이어 커피 농사에 뛰어드는 젊은이도 많은 곳이 바로 코스타리카입니다. 단순히 가업으로 농업을 받아들이는 게 아니라 도시에서 배운 생물학, 마케팅을 커피에 접목하려는 시도를 계속하고 있어요. 그리고 보통 커피 생산지가 농업에 중점을 두고 있다면 코스타리카는 산호세를 중심으로 카페 산업도 발전한 편입니다. 그렇다 보니 소비자의 피드백을 적극적으로 받아들여 품질에 대한 관심이 높은 편이죠. 그런 배경으로 가공법에 대한 다양한 실험도 활발하게 진행되는 것 같습니다.

그동안 루소에 소개한 농장들은 어떤 기준으로 선정한 건가요?
앞서 말씀드린 다양한 노력을 활발하게 하는 농장들을 주로 선정했습니다. 커피 업의 대를 잇는 젊은 농부들이 본인의 스타일로 새로운 것을 시도하면서 좋은 품질의 커피를 생산하는 곳들이죠. 그러다 보니 자연스럽게 아버지와 아들이 같이 일하는 농장들이 많았던 것 같습니다.

루소랩에도 방문하셨는데요. 그때 마신 코스타리카 커피는 어땠나요?
가끔 우리가 생산한 커피가 소비국에서 어떻게 구현되는지 궁금할 때가 많았습니다. 루소랩을 방문했을 때 카페의 훌륭한 인테리어와 분위기를 직접 볼 수 있어 즐거웠습니다. 특히, 제가 생각했던 커피 맛이 그대로 전해져 감동했습니다. 로스팅 프로파일이나 개발 부분에 많은 연구와 투자를 하고 있다는 걸 알 수 있었죠. 그리고 '바리스타 픽'을 출시할 때 함께 발행하는 매거진을 봤는데 생산자나 개발자에 대한 이야기를 담은 책자를 함께 제공한다는 점에서 굉장히 감명받았습니다.

자연과의 공존을 꿈꾸다, 칼리버스 라 시에라 농장

과테말라의 칼리버스 라 시에라 농장은 수차례 COE 1위와 내셔널 위너를 차지할 만큼 높은 품질의 커피를 자랑한다. 하지만 그들은 욕심을 내 농장 규모를 늘리기보다는 자연 그대로 보존하기 위해 더 큰 노력을 기울이고 있다.

안녕하세요. 칼리버스 라 시에라 농장에 대해 소개 부탁드립니다.
안녕하세요. 칼리버스 라 시에라 농장주 카스티요 세르조 폼페요라고 합니다. 우리 농장의 역사는 1980년부터 시작되었습니다. 제가 이곳에 처음 방문했을 때 자연 그대로인 모습과 독특한 산악지대에 완전히 반했습니다. 그때부터 이곳에서 커피 농장을 해야겠다고 꿈꿨죠. 10년 정도 고민하고 준비한 끝에 그 꿈을 이루었습니다. 지금은 50여 가지의 커피를 생산하는 농장으로 자리 잡았고, 최적의 품질 관리를 위해 품종별, 소량으로 관리하고 있습니다.

과테말라의 커피는 어떤 특징을 가지고 있나요?
과테말라 커피는 다양한 미세 기후와 환경 그리고 토양의 차이로 특별한 맛을 자랑합니다. 일반적으로 은은한 단맛, 풍부한 아로마와 균형 잡힌 산미가 조화를 이루고 있어요. 특히 우리 농장의 커피는 미네랄이 풍부한 토양, 깨끗한 물, 숲과 커피 농장의 조화로 품질이 매우 우수합니다. 특히 게이샤와 파체 칼리버스 Pache Kalibus 품종은 이러한 특성이 가장 잘 표현된 커피입니다.

2016 과테말라 COE에서 1위에 선정됐을 때, 어떤 기분이 드셨는지 궁금합니다.
COE 대회는 커피를 재배하는 사람들에게 큰 명예가 되는 대회입니다. 1위로 선정됐을 때, 기분이 정말 좋으면서도 놀랐습니다. COE에 출품한 저희 커피가 매우 특별하다는 것을 알게 됐죠. 이 커피는 미세한 산미, 갈색 설탕, 홍차, 꽃, 바닐라, 무화과, 베르가못, 만다린 그리고 자스민의 특징이 있습니다.

칼리버스 라 시에라 농장이 생각하는 좋은 커피란 무엇인가요?
제가 생각하는 좋은 커피란 특별한 개성을 가지고 있는 커피입니다. 이런 커피를 수확하기 위해서는 섬세한 관리가 필요하죠. 커피나무가 건강하게 자랄 수 있는 환경을 만들어야 하고 질병이나 전염병에 걸리지 않도록 신경 써야 합니다. 커피를 재배하는 과정에서 많은 사람들이 헌신과 사랑을 쏟아야만 특별한 풍미를 가진 커피를 만들 수 있습니다.

칼리버스 라 시에라 농장은 좋은 커피를 생산하기 위해 어떤 노력을 했나요?
처음 농장을 시작할 때는 아무것도 없었습니다. 기반 시설뿐 아니라 집이나 잠잘 곳도 없어서 시내에서 새벽 4시에 출발해 밤 10시에 돌아오는 생활을 반복했죠. 그 당시 농장까지 4시간이 걸렸으니 왕복 8시간을 이동하는 데 보냈습니다. 게다가 저는 1970년부터 변호사로도 활동하고 있었습니다. 변호사 일과 농장 일을 겸하기가 쉽지 않지만, 저의 소명과 열정으로 임하였습니다. 저는 자연 그대로의 환경에서 좋은 커피가 생산된다고 생각합니다. 그래서 농장을 40년 전 환경으로 유지하기 위해 최대한 노력하고 있죠. 물리적으로 변화를 주는 일은 최소화하고 있습니다.

당신에게 루소는 어떤 의미인지 궁금합니다.
COE 낙찰이라는 특별한 인연을 가진 루소는 저희에게 행복한 마음을 가지고 계속 최선을 다할 수 있도록 격려해주는 고마운 존재입니다. 루소에서 로스팅한 우리 농장의 커피는 제가 느껴본 커피 중 최고의 맛이었습니다. 루소의 방문은 지구 반대편에서 우리를 만나기 위해 여기까지 왔다는 것만으로도 매우 자랑스럽게 만들어줬습니다. 특히, 우리 농장의 이름과 COE 1위가 붙어있는 제품, 소개 책자를 한국에서부터 준비해 온 것에 놀랐습니다. 아주 특별한 장소에 보관해 둘 만큼 저에겐 소중한 추억이에요. 단순히 커피가 아닌 원산지에 대한 이야기, 농장과 환경, 다양한 정보를 함께 소비자에게 전달한다는 점에서 루소의 섬세함과 커피에 대한 진정성은 다른 업체와 구별되는 부분입니다.

앞으로의 목표는 무엇인가요?
더 나은 커피를 계속 생산하고, 개선하기 위해 우리는 오염 없이 우리의 수자원을 깨끗하게 보호하는 데 특별한 관심과 사랑을 기울일 것입니다. 또, 지구 온난화에 대한 대안을 적용하고 연구하기 위해 싸우고 있습니다. 우리가 생산한 커피가 항상 최적의 상태를 유지하도록 연구하며, 30년 전에 수확한 것과 가장 비슷한 환경 조건에서 생산해나갈 수 있도록 노력하고 싶습니다.

원료를 잘 보관하기 위하여

The Fresh Beans

루소의 생두 관리 기준 4가지

품질 체크 단계

본 원료가 입고되면 선적 전 원료 샘플과 외관(수분, 결점두, 스크린 사이즈 등), 관능 평가 등 비교 검사를 통해 동일성 및 원료 규격 부합 여부를 확인 후 제품에 사용하고 있다.

보관 방법

항온항습 관리가 되는 외부 창고에서 보관하며, 매주 2~3회 생산에 필요한 만큼 이동해 사용하고 있다.

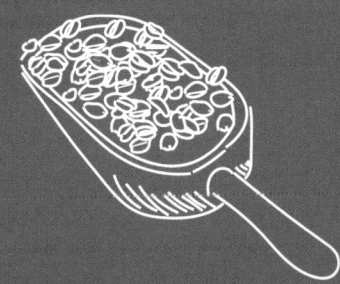

보관 기간

외부 항온항습 창고에서 최대 1년 미만으로 보관하며, 공장에서는 최대 3주 보관을 원칙으로 한다.

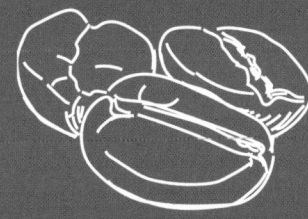

보관 기준

생두의 보관 최적 조건인 온도 18±2℃, 상대습도 55± 5% 기준으로 관리하며, 월 1회 위생, 보관 상태 점검 및 온습도 데이터를 관리한다.

완벽한 생두 관리를 위한
루소의 노력

보관 및 관리

생두의 품질은 외부 온도, 습도 등 날씨에 많은 영향을 받는다. 그래서 루소는 월 1회 R&D팀과 품질관리팀의 품질 회의를 통해 원료의 경시 변화, 즉 수분과 관능을 테스트하여 적합/주의/경고 판정을 통해 지속적으로 품질을 관리하고 있다.

경시 변화 테스트 후 '주의' 수준에서는 영업팀에게 완제품의 품질이 다소 저하될 수 있음을 알린다. 이후 품질관리팀과 R&D팀 내부적으로 주의 수준의 원료 품질이 더 저하되기 전에 더 좋은 품질의 대체 원료를 수급하기 위해 국내외 업체를 찾아 나선다. 경시 변화 테스트 후 '경고'가 나온 경우에는 해당 원료를 전량 폐기 후 다른 원료로 대체하고 있다.

루소는 커피의 균일한 품질 관리라는 원칙을 지키기 위해 전량 폐기라는 쉽지 않은 결정을 내린 것이다.

항온항습 창고 도입

루소는 생두의 경시 변화를 정기적으로 점검하며 품질 관리에 힘써왔지만, 일반 창고에서는 관리의 한계가 있었다. 특히 2013년, 장마가 무려 한 달간 지속되어 사용하려고 보관 중인 콜롬비아 생두의 품질이 급격하게 경고 수준까지 저하되는 사건이 발생했다. 결국, 보관 중이던 무려 18t의 생두를 모두 사용할 수 없게 됐다. 이를 계기로 외부의 항온항습 창고를 적용하게 된다.

외부에 있는 항온항습 창고를 철저히 관리하기 위해 루소는 외부 항온항습 창고에 디지털 온도계를 설치하여 매일 온도와 습도를 점검하고 있다. 또, 월 1회 정기 방문을 통해 창고의 내부 환경, 청결 상태, 밀폐 상태도 점검하고 있다. 생두를 이동, 입고할 때 비가 오거나 온도, 습도가 높은 경우라면 생두 품질에 영향을 미칠 수 있어 최대한 자제한다.

향후 천안으로 옮기는 생산 공장에는 자체 항온항습 창고를 만들어 생산 현장에서 수시로 생두의 품질을 체크하면서 필요시 바로 사용할 수 있게 시스템을 구축할 예정이다. 이를 통해 원활한 품질 관리와 생산에 큰 도움이 될 것으로 기대된다.

episode.1

루소 관능 평가 앱App 개발 과정

목요일 아침, 우리는 새로 출시할 디카페인 커피의 샘플을 검토한다. 평균 샘플 수는 4종 내외이지만 많은 경우 10종이 넘기도 한다. 샘플 로스팅을 하고, 분쇄한 후 향을 맡는다. 정기 커핑에 참여한 사람들은 각자 핸드폰이나 태블릿을 꺼내 관능 평가 앱을 연다. 앱에 아로마Aroma 점수를 입력한다. 이제 뜨거운 물을 붓고 잠시 기다린 후 커핑을 한다. 그리고 커피에서 느껴지는 향미를 앱에 있는 관능 노트에 적는다. 오렌지, 시트러스Citrus 계열의 산미, 건포도의 풍미, 초콜릿 뉘앙스에 메이플 시럽이나 캐러멜 같은 단맛도 느껴진다. 커핑이 끝나면 앱을 통해 바로 각 항목의 점수와 참석자들이 입력한 노트를 확인할 수 있다. 총 점수 81.42. 내부 출시 기준을 넘겼다. 다음으로 커핑 노트 차례. 기준이 되는 관능 클러스터의 노트와 상당 부분 일치한다. 드디어 오케이 샘플이 선정됐다.

관능 평가 앱을 사용한 뒤로 커핑하고, 결과를 정리하는 시간이 상당히 단축됐다. 오전 커핑이 끝나면 종이에 평가한 내용을 컴퓨터로 옮기느라 오후를 다 보냈던 때가 언제인지 벌써 까마득하게 느껴진다. 물론 앱을 만들기까지의 과정이 순탄치만은 않았다. 우리는 앱 개발 전문가가 아니고, 앱 개발 업체에서는 커피 분야에 대한 이해도가 낮아서 스토리보드를 만드는 데만 2개월이 넘게 걸렸다. 이후에는 우리가 사용하는 관능 표현을 정리하는 데도 상당한 시간이 필요했다. 기본적으로 SCAA Specialty Coffee Association of America 기준의 플레이버 휠과 테이스티파이Tastify라는 커핑폼 Cupping Form을 참고했다. 관능 표현은 4차에 걸쳐 수정하긴 했지만 이 부분은 조금 더 간소화하기 위해 현재도 수정 중이다.

2017년 8월 앱 개발을 완료했을 당시 기존에 사용하던 커피를 평가하던 방식과 달라 일부 볼멘소리도 있었다. 하지만 사용에 점차 익숙해지고 누적된 정보들을 한눈에 확인할 수 있게 되자 품질관리 측면에서 훨씬 편리해졌다는 의견이 많아졌다. 그런 말을 들을 때면 내심 뿌듯하지만 한편으로 책임감이 더 크다. 현재 관능 앱의 기능이 만족할 수준까지 올라가기 위해선 개선해야 할 부분이 아직도 많기 때문이다. 앞으로 이 앱을 통해 샘플 평가부터 생산, 제품이 만들어지는 전 과정의 정보를 기록하고 모든 직원이 업무에 효율적으로 사용할 수 있기를 바란다.

episode.2

과테말라에 다녀와서

아직도 그 감격을 잊을 수 없다. 새벽 3시가 조금 지난 시간, 수차례 조정하며 입찰 금액을 입력한 지 12번째였다. 5시간 넘게 계속해서 오르던 금액이 드디어 멈추고 낙찰에 우리 이름이 올랐다. 처음으로 과테말라 COE 1위를 낙찰받은 순간이었다. 과테말라에 도착해 칼리버스 농장의 커피로 만든 'Strong coffee Kahluibus' 술을 한 잔 들이켜자 문득 그때가 생각났다. '아, 우리가 이 농장에 와 있구나.'

칼리버스 라 시에라 농장은 전체 275ha의 규모지만 실제 커피를 재배하는 규모는 40ha 수준으로 큰 규모는 아니다. 농장 전체에 커피나무를 심어 수확량을 늘리는 다른 농장과는 다른 행보를 보인다. 이는 농장주인 폼페요Pompeyo 씨의 철학과 연결되어 있다. 그는 젊은 시절 유도와 동양 무술을 배우며 자신만의 철학을 정립했다고 한다.

우리가 4m나 되는 커피나무 앞에 섰을 때 그는 "이 나무는 30년이나 됐지만 커피를 25kg이나 수확할 수 있다."며 "우리가 자연을 잘 보존해야 숲도 우리에게 커피 열매와 같은 선물을 주는 것"이라고 말했다. 실제로 그는 가지가 길게 늘어져 농장 입구를 막은 소나무를 가지치기하지 않고 받침대로 올려 그대로 두었고, 수명이 다 되거나 수확을 할 수 없는 오래된 커피나무도 자연 그대로 보전하고 있었다.

한참 동안 농장을 둘러본 뒤 폼페요 씨에게 한국에서 준비해간 작은 선물을 전달했다. 자신이 수확한 커피가 어떻게 판매되는지 궁금해할 것 같아 루소랩에서 판매 중인 그의 커피와 커피를 소개한 책자를 준비한 것이다. 그는 책에 나온 자신과 농장, 커피에 대한 이야기를 한참 동안 바라보았다. 그리고 "우리 커피가 이렇게 판매되는 것을 처음 본다."고 말하며 자신이 공들여 생산한 커피를 이렇게 정성껏 판매하고 있다는 사실에 감격스러워했다.

그는 자신의 커피를 구입한 사람들을 직접 만난 것이 이번이 처음이라고 했다. 이 만남이 있기 전 COE Cup of Excellence 옥션 이후 자신의 커피를 구입한 사람에게 고마움을 전하고 싶어 낙찰자의 연락처를 알아봤지만 연락할 길조차 없었다고 한다. 우리는 농장과 커피에 대한 정보를 비교적 쉽게 접할 수 있는 반면 산지에서는 소비국에 대한 이해가 부족하거나 피드백을 매우 제한적으로 접하고 있는 것이었다.

루소의 심벌마크는 품질을 약속하는 일관성 있는 맛의 연속성, 생산자와 소비자 간의 선순환 구조, 신뢰를 바탕으로 고객과 함께 성장함을 의미한다. 우리는 좋은 생두를 찾기 위해서 산지에 방문하지만, 소비자를 대표하기도 한다. 때문에 우리들이 소비자의 의견을 전달하고 서로의 이야기를 공유하는 역할을 해야 하는 것이다. 우리는 이런 과정이 진정성 있는 관계를 쌓고 더 좋은 커피를 만드는 데 기여할 것이라고 믿는다.

The Optimal Roasting

2장 최적의 로스팅

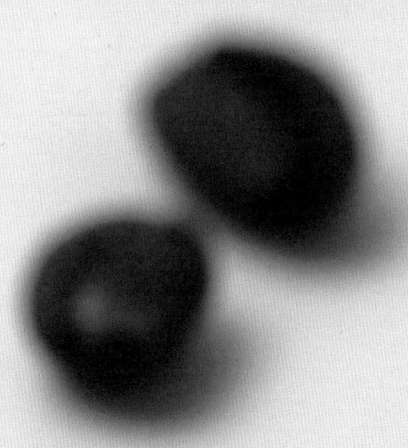

루소의 로스팅 기준

The Optimal Roasting

본연의 맛과 향을 위한 로스팅

로스팅은 생두에 열을 가해 추출이 가능한 상태로 만드는 것을 말한다. 어떤 맛을 추구하며 로스팅하느냐에 따라 커피 맛은 천차만별 달라지기 때문에 커피 맛에서 로스팅이 차지하는 비중이 높다. 루소가 추구하는 커피는 본연의 맛과 향을 내는 것으로, 로스팅은 이를 발현하기 위한 세심하고 중요한 과정이다.

루소는 원두커피 제조업으로 익힌 노하우와 소규모 로스터리의 강점을 살려 생산 공장과 루소랩 두 곳에서 로스팅을 한다. 소형 로스팅을 담당하는 루소랩은 품종이 다양하고 생산량이 적은 싱글 오리진 커피 제품을 로스팅하고, 대형 로스팅을 담당하는 공장은 일관성이 중요한 블렌드 제품을 로스팅하며 다양한 커피 라인업을 구축하고 있다.

루소의 모든 로스팅은 내부 기준에 맞춰 세워진 프로파일을 따른다. 프로파일이란 로스팅해야 할 생두의 양, 구간별 화력과 온도, 시간 등 로스팅 과정을 기록한 일종의 레시피다. 제품 특성에 따른 로스팅 기준을 이야기하자면, 먼저 싱글 오리진 커피는 원두의 신선한 맛과 향이 중요한 제품으로 커피 본연의 맛을 살릴 수 있는 로스팅 기준을 세운다. 그리고 블렌드는 루소에서 디자인한 맛을 구현하는 제품으로 각각의 원료에서 발현되는 단맛, 신맛, 쓴맛의 특징을 살려 로스팅 기준을 세운다. 이때 루소는 블렌드에 사용되는 각 생두의 특성을 살려 로스팅한 후 배합비에 맞게 원료를 혼합하는 사후 블렌딩 BAR**Blending After Roasting** 방식을 채택하고 있다.

로스팅한 원두는 부드러운 단맛, 과일의 깔끔한 산미, 은은한 꽃향기, 구수한 향미 등 커피에서 느낄 수 있는 다양한 맛과 향이 담긴 제품으로 출시된다. 여기서 루소가 강조하는 것은 '일관성'이다. 동일한 원료를 사용해 정해진 프로파일로 로스팅을 해도 원료의 상태, 계절의 변화 등 다양한 변수에 의해 커피 맛이 달라질 수 있다. 그럼에도 커피 맛에 영향을 주는 변수들을 최소화할 수 있도록 모든 시설을 철저하게 관리하고 끊임없이 연구하며 루소만의 로스팅 노하우를 쌓아가고 있다.

최적의 로스팅을 위한 과정

The Optimal Roasting

로스팅을 위한 규모를 갖추다
(2017년 기준)

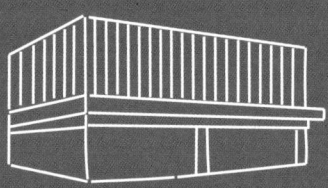

공장 면적
약 10,000㎡ (3,000평)

로스팅하는 제조시설 및 품질관리, 보관창고 등을 모두 포함한 공장 부지 전체 면적. 2019년, 지금보다 확장된 규모로 이전할 예정이다.

보유 로스터기
총 10대

공장과 루소랩의 로스터기 6대를 비롯해 연구개발실과 품질관리팀에서 샘플로스터를 각각 2대씩 보유하고 있다.

일 최대 생산량
12t

루소는 공장 로스팅을 기준으로 일 최대 12t을 생산할 수 있다. 루소랩의 경우 일 최대 80kg까지 로스팅할 수 있다.

연간 생산량
3000t

2017년 한 해 루소가 생산한 커피는 모두 3,000t에 달한다. 2008년 브랜드를 론칭했을 당시 연간 500t에서 10년 동안 6배 가까이 생산량이 증가했다.

연구 및 관리 인원
12명

루소는 심도 있는 연구와 커피 품질관리를 위해 R&D팀과 품질관리팀을 운영하고 있다. 각 팀은 6명으로 구성되어 있으며 R&D 센터는 2017년 기업부설연구소로 선정되었다.

체계적 품질관리
22단계

로스팅 전 입고 검사부터 공정, 포장, 사후검사까지 커피가 만들어지는 모든 과정을 크게 4가지 항목으로 나누어 총 22단계에 걸쳐 체계적으로 관리한다.

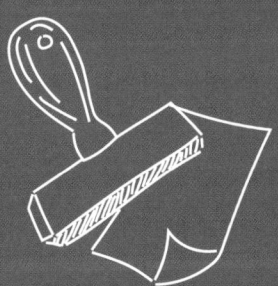

커피 관련 특허
2건

로스팅 냉각 기술과 드립백 커피 제형에 대한 특허를 보유하고 있다.

안전한 커피
HACCP 인증

커피도 안전한 먹거리가 될 수 있도록 2013년 자발적으로 HACCP 인증을 추진했다. 2018년에는 식품안전시스템(FSSC22000)을 취득했다.

원료의 선별부터 이물 검사까지

1 단계

원료 선별

샘플로 받은 생두를 루소 제품으로 사용하기에 적합한지 확인하는 과정이다. 철저하게 세워둔 기준에 맞춰 생두의 외관 검사, 관능 검사를 진행한다. 모든 기준에 적합한 원료로 판단되면, 실구매를 결정한다.

2 단계

원료 저장

신중히 고른 생두의 품질 변화를 최소화하기 위해 루소는 외부 항온항습 창고를 이용하고 있다. 항온항습 창고는 일반 창고와 달리 밀폐되고 단열효과가 우수하며 온습도 관리가 쉬워 원하는 조건으로 원료를 보관할 수 있다.

3 단계

생두 1~2차 전처리

생두에 섞인 각종 이물질과 미세먼지를 제거하는 과정이다. 생두는 농산물이기 때문에 돌, 나뭇가지, 먼지 등의 이물질이 섞일 수 있다. 생두를 로스팅하기 전 이물 선별기와 석발기에 넣어 깨끗한 생두만 거르는 전처리 작업을 필수로 한다.

4 단계

Control Room

전처리 된 생두가 사일로에 들어가는 순간부터 포장된 제품으로 나올 때까지 모든 작업이 자동화 시스템으로 진행된다. 자동 PLCProgrammable Logic Controller를 이용해 모든 공정을 컨트롤하고 있다. 원료의 양, 로스팅 시간을 자동으로 파악하고 알려주기 때문에 정확한 데이터를 기록하며 로스팅 자료를 쌓아가고 있다.

5 단계

로스팅과 냉각

컨트롤 룸에 입력된 로스팅 프로파일에 맞춰 로스팅이 진행된다. 로스터기의 설치 위치, 화력에 따라 미묘하게 달라지는 커피 맛을 바로 잡기 위해 제품과 로스터기를 각각 매치해 로스팅하는 것이 루소의 원칙이다. 또한 루소만의 이중 냉각 장치를 사용해 빠르게 냉각하는데, 원두의 내부 잔열로 인해 로스팅이 지속되는 것을 방지하기 위함이다.

6 단계

매뉴얼 테스트

로스팅 된 원두의 적합성을 확인하기 위해 에그트론 Agtron을 사용해 색도를 측정하고, 커핑을 하면서 원하는 맛으로 로스팅 됐는지 2차 테스트를 한다. 이 두 가지 테스트를 병행하는 이유는 같은 색도가 나온 원두라 해도 로스팅 시간에 따라 맛 차이가 확연히 달라질 수 있기 때문이다.

7 단계

질소 충전 및 포장

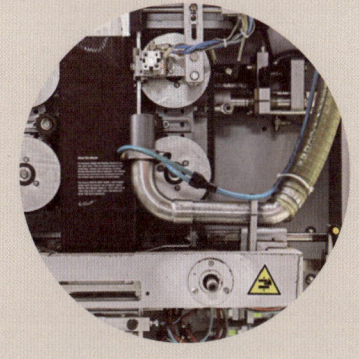

용량에 맞춰 4면 실링한 뒤 로스팅 된 원두를 담는다. 이때 잔존산소량과 이산화탄소를 측정하여 최적의 품질이 유지될 수 있도록 알맞은 양의 질소를 충전해 포장한다.

8 단계

X-RAY 이물 검사

포장된 제품의 이물질 유무를 X-RAY로 검사한다. 대부분 생두 1~2차 전처리 과정에서 꼼꼼하게 이물질을 거르기 때문에 특별히 나오는 것은 없으나 커피의 식품 안전성을 위해 한 번 더 확인하는 과정을 거치고 있다.

커피 생산 과정

① 덤핑

② 이물질 선발

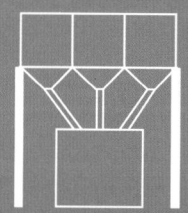
③ 생두 사일로

⑥ 질소충진 포장, X ray 이물검사

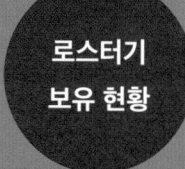
로스터기 보유 현황

❶ **Probat G120**

2004년 도입한 제품으로 루소의 시작부터 함께했다. 커피 생산에 필요한 기본적인 생산 자동화 설비를 구축한 로스터기. 한 배치당 120kg을 로스팅할 수 있으며, 주로 납품용 원두를 생산할 때 사용한다.

❷ **Fuji Royal**

2006년 도입. 자동화 설비가 구축된 루소 생산 공장에서 유일한 수동 로스터다. 숯을 사용해 스모키 향을 입히는 제품에 사용하고 있다. 루소 초창기 드립백인 루소 차콜 로스트를 생산했으며 현재는 납품용 원두를 로스팅한다.

④ 로스팅, 냉각

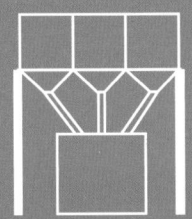
⑤ 원두 사일로

①②③ 생두 전처리
생두는 집진, 석발 등 4차에 걸쳐 이물질을 선별하고, 생두 사일로에 저장한다.

④⑤ 로스팅
각각의 생두는 컨트롤 룸에서 설정한 양만큼 지정된 로스터기로 이동하고, 프로파일에 따라 로스팅 된다. 로스팅 된 원두는 원두 사일로에 저장되고, 배합비에 따라 블렌딩 사일로로 이동한다.

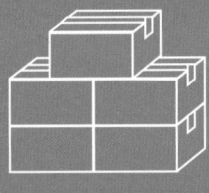
⑦ 완제품 보관

⑧ 출고

⑥⑦⑧ 포장
원두는 지정된 중량으로 질소포장 후 봉투에 담긴다. 포장된 커피는 엑스레이 검출기를 통해 최종적으로 이물질을 선별한다.

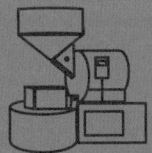
❸ Probat L50

2008년, 루소 블렌드 로스팅을 위해 L50을 증설했다. 자동화된 로스터기로 프로파일에 따라 보다 균일한 로스팅이 가능해졌다.

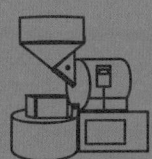
❹ Probat P50

2011년, 추가로 도입되었다. 화력이 20단계로 열원을 보다 세밀하게 조절할 수 있다.

❺ Probat P60

루소의 커피 생산량 증가에 따라 2015년 증설했다. P60은 P50의 상위 버전으로 화력을 조절하는 방식이 다르다. 화력의 세기가 아닌 에어 온도로 조절한다.

섬세한 과정의 로스팅

직접 체득한 노하우로 루소의 로스팅을 책임지고 있는
공장장 봉화룡과 나눈 대화.

안녕하세요. 공장장님 소개 부탁드립니다.
안녕하세요. 루소 공장장 봉화룡입니다. 씨케이 코퍼레이션즈의 다른 사업부에서 근무하다 루소를 론칭하면서 커피 사업부로 옮기게 되었습니다. 현재는 공장의 생산팀과 품질관리팀을 관리하면서 제품의 품질 및 안전성 유지를 위해 노력하고 있습니다.

루소가 설립될 때부터 계셨던 거네요. 당시의 공장은 어땠나요?
우여곡절이 많았어요. 기계 스위치만 켠다고 저절로 로스팅 되는 게 아니거든요. 원두의 특성을 아는 것도 중요하지만 생산 설비의 특징을 알아야 제어할 수 있어요. 그땐 지식이나 노하우가 부족했죠. 국내에서도 원두커피를 전문적으로 생산하는 큰 회사가 많지 않아서 정보를 알 수 있는 곳도 없었고요. 직접 사계절을 겪으면서 생두의 보관, 로스팅 온도, 화력 등을 공부했죠. 실수와 문제를 해결하는 나날이었습니다. 봄에 로스팅해서 조금 익숙해지면 여름이 오고 또 적응하면 가을이 오고, 겨울이 왔거든요. 매번 조금씩 달라지는 조건에서 최적의 로스팅을 하기 위해 노력해왔어요.

그때가 벌써 10년 전인데, 지금은 어떤가요?
그동안 로스팅하면서 생길 수 있는 문제는 다 겪어본 터라 이제는 어느 정도 자신이 있죠.(웃음)

로스팅을 담당하는 생산팀에 스물세 명의 인원이 있다고 들었습니다. 이 인원은 로스팅에서 어떤 역할을 맡고 있나요?
개인별 담당 업무가 정해져 있기보다 생산팀에 있는 실별로 역할이 나뉘어요. 크게 보면 원료를 덤핑하는 전처리실, 커피를 생산하는 로스팅 룸, 완제품을 만드는 포장실이 있어요. 실에서 할 수 있는 일들을 돌아가면서 하는데, 특히 로스팅 룸의 경우 모든 로스터기를 다룰 수 있도록 하고 있죠. 한 사람이 한 로스터기를 다루기보다 여러 기계를 다루면서 이 기계에서 배운 것을 다른 기계에 대입할 수 있도록 하기 위해서예요.

품질관리팀의 업무도 궁금합니다.
품질관리팀은 로스팅 된 원두를 확인하는 것을 주 업무로 하고 있고, 이 일 외에도 많은 역할을 맡고 있습니다. 원료부터 이야기하면 보관이 잘 되고 있는지 확인하고요. 원두가 입고 되었을 때 처음 받았던 샘플과 생두의 컨디션이 일치하는지 확인합니다. 또 제품이 완성됐을 때 우리가 원하는 포장 상태인지, 제품에서 발견되는 위험성이 없는지 확인하고, 여기에 하나 더 추가해서 작업자와 공간의 위생 상태까지 관리하고 있죠.

루소 제품은 어떤 기준으로 로스팅하고 있나요?
R&D팀에서 개발한 로스팅 프로파일을 기준으로 로스팅을 합니다. 루소 제품은 로스팅 프로파일과 관능 기준이 명확해요. 가장 중요한 것은 관능이죠. 관능을 일정하게 유지하기 위해 색도와 프로파일은 날씨나 생두 상태 같은 외부 환경에 따라 조금씩 조정하고 있어요.

R&D팀에서 지정한 로스팅 프로파일을 공장에 적용할 때 생기는 문제는 없나요?
R&D팀에서는 소형 로스터기를 기준으로 제품의 컨셉과 로스팅 프로파일을 정하기 때문에 공장의 대형 로스터기에 적용하면 조금은 다를 수밖에 없어요. 하지만 이 로스팅 프로파일이 있어야 기준을

세울 수 있기도 하죠. 처음엔 그 맛을 찾으려고 일주일 내내 시간 들여 고생하기도 했어요. 하지만 현재는 몇 번만 로스팅해보면 프로파일의 어느 부분을 바꿔야 하는지, 로스터기의 어떤 부분을 조절해야 하는지 금방 발견하고 해결해요.

그만큼 로스팅 노하우가 쌓인 거네요?
그렇죠. 다 시행착오를 겪으면서 알게 된 부분이에요. 그 노하우는 대외비입니다.(웃음)

루소 제품을 만들 때 제품마다 로스터기를 지정해 로스팅한다고 들었어요.
커피는 굉장히 예민해요. 같은 브랜드의 로스터를 써도 설치된 위치나 화력, 만드는 사람에 따라 맛의 차이가 생길 수 있죠. 변수를 줄여야 균일한 로스팅을 할 수 있기 때문에 제품의 컨셉과 맞는 맛과 향을 최대한으로 구현할 수 있는 로스터기를 찾아서 지정하고 그 로스터기로만 로스팅을 해요.

제품을 생산하는 조건이 항상 동일하게 갖춰져도, 들어오는 생두는 매번 다르잖아요. 이럴 땐 어떻게 로스팅하나요?
생두의 원산지가 바뀔 때마다 프로파일을 확인하는 건 기본이에요. 우선은 기존에 있는 프로파일로 로스팅을 해보고, 커피 맛이 달라진다 싶으면 R&D팀과 협의해서 프로파일을 재수정하죠. 그리고 봄가을처럼 기압 차가 달라지는 시기면 프로파일을 대부분 수정해요. 날씨 영향을 받다 보면 로스팅하면서 미세하게 변화가 생기거든요.

자동화되어 있다고 해도 사람이 해야 할 일이 많은 것 같네요.
그렇죠. 로스터기는 말 그대로 기계이기 때문에 설비를 얼마나 잘 알고 다룰 수 있는가는 사람의 몫이에요. 원료를 관리하고, 제품의 컨셉에 맞게 로스팅 프로파일을 만들고, 로스팅 된 커피를 관능으로 확인하는 모든 과정에 사람이 필요하죠. 그 일련의 과정이 잘 이뤄져야 생산이 수월한 거고요. 하나라도 부족하면 다 불량이 돼요.

최종적으로 로스팅이 잘 되었는지 아닌지는 어떻게 확인하고 있나요?
로스팅 된 원두는 R&D팀과 품질관리팀이 각각 검사해서 적합, 주의, 경고 판정을 내립니다. 원두의 색도를 측정하고 커핑하는 과정을 통해서 로스팅이 잘된 커피인지 아닌지 확인하는 거죠.

적합, 주의, 경고 판정에 따라 달라지는 건 무엇인가요?
'적합'은 정상 출고를, '경고'는 출고 정지를 뜻해요. 그리고 '주의'는 출고는 시키되 유관부서에 왜 주의 판정이 되었는지 전달하는 거고요. 주의 판정을 내리고도 출고를 시키는 이유는 루소의 적합 판정 범위가 워낙 빡빡하기 때문이에요. 주의를 받았다고 마실 수 없는 커피가 된 것은 아니거든요. 커피가 기호 식품이다 보니 느끼기에 따라 다를 수 있어서 확인 후 괜찮은 것들은 출고시키고 있어요.

카페에서 하는 소규모 로스팅과 공장에서 하는 대규모 로스팅의 가장 큰 차이는 뭐라고 생각하세요?
날씨 변화에 따른 영향을 얼마나 받느냐인 것 같아요. 대형 로스터는 열 손실이 생겨도 화력이 세서 열량 공급으로 금방 메울 수 있는데 작은 로스터는 애당초 화력이 작기 때문에 열 손실이 커요. 각각의 장점을 말하자면 대형 로스터는 안정적인 로스팅이 가능하고, 소형 로스터는 문제가 생기면 빠른 대응을 할 수 있다는 거죠.

그렇다면 로스팅하면서 생길 수 있는 최악의 문제는 어떤 것이 있을까요?
화재죠. 생두가 로스팅 되면서 커피에 기름 성분이 생기는데 그 성분이 배관에 달라붙어요. 그 부분을 제대로 관리하지 못하면 배관에서 불이 날 수 있어요. 그래서 항상 배관을 청소하고 정비해야 합니다.

루소는 2013년 HACCP 인증을 받았습니다. 커피 회사에서 HACCP 인증이란 게 생소한데요.
커피도 다른 식품처럼 위생에 중점을 두고 안전한 먹거리가 될 수 있도록 적극적으로 HCAAP 인증을 추진했습니다. 현재는 로스팅하는 모든 곳이면 법적으로 HACCP 인증을 당연히 받아야 하는데, 루소가 이 인증을 받을 당시만 하더라도 커피 회사가 HACCP 인증을 받는 것은 생소한 일이었죠. 이 인증을 받으며 작업복 규정 및 금속물질, 음식물, 핸드폰 반입 금지 등의 공장 내부 위생 규정이 강화되었습니다.

루소는 내년에 공장을 천안으로 이전할 계획입니다. 현재 포승 공장과 달라지는 부분이 있다면 무엇인가요?
국내에 최초로 들어오는 설비가 있어요. 이 정도 시설을 갖춘 곳이 전 세계에서도 몇 군데 없는 걸로 알고 있는데요. 기존에 있던 타입이 아닌 전혀 다른 방식의 설비예요. 기존에는 가스에 불을 붙여 그 위에 드럼이 회전하면서 커피를 볶는데, 새로운 설비는 몇백 도(℃)되는 뜨거운 공기가 로스터기 안으로 지나가면서 이전보다 많은 양을 로스팅할 수 있는 시스템이에요. 로스팅하는 방법이 다르니까 커피 맛도 조금 달라져요. 아마 내년쯤이면 또 다른 맛의 커피가 나오지 않을까 싶어요.

많은 성장을 겪으며 10년이 지났습니다. 루소가 지금까지 올 수 있었던 이유는 무엇이라고 생각하나요?
사람들 때문이죠. 루소는 대표부터 한 달 전에 들어온 친구들까지 하나의 목표로 업무를 진행하고 있다고 생각해요. 커피를 위해 함께 고민하고 결과를 도출하고 뭔가를 배우려 하죠. 그런 사람들이 있었기 때문에 지금의 루소가 만들어졌다고 생각합니다.

마지막 질문입니다. 그동안 마셔본 로스팅 된 커피 중에 기억에 남는 커피가 있나요?
저는 커피를 즐겨 마시는 편이 아니었어요. 처음 커피 공장을 시작할 때만 해도 커피를 잘 몰랐어요. 하지만 루소에서 사용하는 원료는 그때도 참 좋았다고 생각해요. 어떤 원료였는지 정확히 기억나진 않지만, 당시에는 지금보다 규모가 작은 로스터기를 써서 마음대로 원두를 블렌딩할 수 있었어요. 그때 마셨던 커피가 유난히 맛있어서 지금까지 기억이 나네요.

루소의 든든한 조력자가 되다,
프로밧 부사장 더크 브링커

루소의 로스팅 시설은 시작부터 현재까지 프로밧을 축으로 만들어졌다.
'커피'라는 이름으로 함께한 시간 동안 프로밧과 루소는 어떤 관계를 만들어왔을까.
프로밧을 통해 루소의 자취를 물었다.

안녕하세요. 프로밧 소개 부탁드립니다.

안녕하세요. 프로밧에서 부사장을 맡고 있는 더크 브링거Dirk Brinker 입니다. 프로밧은 150년 동안 커피 업계를 위한 선구적인 솔루션을 개발해왔습니다. 전 세계 커피 로스터기 산업의 선두 주자를 줄곧 맡아왔죠. 프로밧의 다양한 서비스에는 로스터기 및 그라인더의 개발, 설계 및 건설은 물론 산업 생산 시설의 계획 및 구현까지 포함됩니다. 기계 및 설비 제어, 환경 기술 및 종합 서비스 또한 프로밧의 제품 포트폴리오의 일부를 구성하고 있습니다. 프로밧은 브라질, 캐나다, 인도, 이탈리아, 스코틀랜드, 미국의 자회사와 함께 900여 명의 직원을 두고 있으며, 그중 약 550명이 독일에 본부를 두고 있습니다. 이와 더불어 40여 개국의 에이전시와 함께 프로밧의 오랜 경험과 노하우를 세계로 전하고 있습니다.

프로밧은 커피를 하는 사람들에게 높은 인지도를 가진 브랜드입니다. 사람들이 프로밧을 찾는 이유가 뭘까요?

프로밧은 커피 로스터기 및 로스팅 설비 부문에서 115건의 특허를 보유하고, 세계 시장 점유율이 약 70%에 이르는 기술 선도 기업입니다. 전 세계적으로 소비되는 세 잔의 커피 중 두 잔은 프로밧으로 로스팅한 커피라 할 수 있죠. 커피 산업에서 알 수 있듯이, 커피 로스터를 찾을 때 프로밧을 떠올리는 이유는 이 시장 점유율이 답해준다고 봅니다. 우리는 커피 산업의 발전에 견인차 역할을 하듯 발전소 엔지니어링, 제어 및 센서 분야에서 사용자 지향 솔루션에 집중하고 있습니다. 지속적으로 높은 품질의 커피를 생산하기 위해 장비 만드는 일에도 신중을 다하죠. 프로밧은 급하게 성공을 이루려 노력하기 보다, 사회적으로 책임 있는 방식으로 행동하여 고객이 원하는 것을 판매할 수 있도록 합니다.

생각보다 더 큰 시장을 차지하고 있군요. 수많은 나라의 커피 시장 중 한국 커피 시장을 어떻게 생각하고 있는지 궁금합니다.

한국은 우리에게 있어 매우 중요한 시장입니다. 로스터리 카페를 위한 최고의 시장 중 하나이며 이제는 더 큰 머신을 수용할 만큼 성장한 로스팅 회사가 점점 늘고 있죠. 짧은 기간에 큐그레이더 인증을 받은 사람들이 많은 것을 보면 한국 사람들이 얼마나 커피와 교육에 특별한 관심이 있는지 알 수 있습니다. 여전히 믹스커피와 RTDReady To Drink 커피가 많이 소비되지만 고급 커피에 더 집중하고 스페셜티 커피가 크게 성장하는 시장이기도 하죠. 이러한 모든 사실이 한국을 흥미로운 나라로 느끼게 하고요. 루소와 같은 성공적인 기업들이 우수하고 일관된 품질의 커피에 초점을 맞춘다는 점에서 프로밧이 추구하는 방향과 같다고 할 수 있습니다.

일관된 품질을 이해한다는 점에서 루소를 잘 알고 계신 것 같네요. 프로밧은 루소를 어떤 브랜드로 인식하고 있는지 조금 더 이야기해 주실 수 있나요?

루소는 품질을 우선으로 여기고, 좋은 인적자원을 가진 고객입니다. 이러한 점은 프로밧을 움직이는 원동력이기도 하죠. 루소가 브랜드를 론칭하기 전, 씨케이 코퍼레이션스의 커피 사업이 시작될 때부터 프로밧과 함께해 왔습니다. 프로밧은 그때부터 루소의 비즈니스에 맞는 솔루션을 제공하고 지원하기 위해 최선을 다하고 있죠. 그동안 루소의 생산량이 끊임없이 증가하는 것을 보았습니다. 루소가 생산하는 제품의 품질과 엄격한 기준을 존중하며, 그들의 성장을 믿고 있죠. 루소는 고품질의 커피를 효과적으로 생산하고 비즈니스를 확장하는 데 필요한 최첨단의 설비를 갖추고 있습니다. 이번에 루소의 공장 이전이라는 새로운 프로젝트도 함께하게 됐는데, 아시아 커피 시장이 계속 성장할 것이라 예측하는 만큼 한국에 최첨단 대형 설비를 구축한다는 것은 우리에게도 매우 중요한 일입니다.

루소는 Probat G120, Probat L50, Probat P50, Probat P60을 사용해 로스팅하고 있습니다. 루소가 사용하는 로스터기는 어떤 부분에 강점을 가지는지 궁금합니다.

프로밧의 모델은 넵튠Neptune, 주피터Jupiter, 새턴Saturn 이 3가지 모델을 기본으로 해서 같은 원리로 작동됩니다. 로스터기 안에서 커피 콩들이 겹쳐지지 않게 잘 섞고, 최적화된 상태에서 커피 콩을 골고루 익게 하여 일관적인 콩의 외관을 유지할 수 있도록 하죠. 프로밧의 로스팅 시스템은 제품의 개별 요건을 완벽하게 충족하기 위해 필요한 기술을 제공합니다. 현재 루소는 다른 사이즈의 로스터기를 보유하고 있습니다. 이 로스터기들은 상대적으로 높은 온도와 적은 양의 공기, 비교적 긴 로스팅 시간으로 설계되어 있는데, 이런 로스터기들은 대류와 전도의 열 전달 방식으로 특별한 맛을 만들어 냅니다. 루소는 지난 10년 동안 조금씩 다른 버전의 로스터기들을 갖췄고, 모든 로스터기는 금속검출기와 효율적인 냉각 시스템을 가지고 있습니다.

2018년 천안으로 이전하는 공장에 넵튠Neptune 500과 주피터 Jupiter 1000이라는 로스터가 들어오는 것으로 알고 있습니다. 새로운 로스터기를 사용하는 것은 루소에게 어떤 의미가 될 수 있을까요?

넵튠 500은 로스팅 프로파일 조정 기능이 추가된 로스터기입니다. 루소는 이를 통해 로스팅의 일관성을 높이고 루소만의 로스팅 프로파일을 만들어 더 좋은 품질의 커피를 생산하게 될 것입니다. 주피터 1000은 로스팅 시간 범위가 훨씬 더 넓은 로스터기로, 기존의 로스터기와 다른 점이 있습니다. 열풍 방식을 이용한 로스터기로 대류열이 100%에 가깝습니다. 훨씬 더 많은 양의 공기와 낮은 온도로 작동되죠. 루소는 서로 다른 기술을 사용해 서로 다른 맛과 밀도, 추출률을 가진 새로운 커피를 만들어 낼 수 있습니다. 프로밧 연구소의 실험을 통해 입증했듯 루소가 로스팅 프로파일 옵션을 보다 탄력 있게 운영할 수 있다고 확신합니다. 뿐만 아니라 주피터 1000은 넵튠 500보다도 생산량이 두 배나 높아 새로운 시장의 문을 여는 계기가 될 것입니다.

루소가 론칭 10주년을 맞았습니다. 이에 한마디 부탁드립니다.
루소의 앞으로가 더욱 기대됩니다. 프로밧은 앞으로도 기술력과 서비스 제공으로 루소의 성장을 지원하고 싶습니다. 이 인터뷰를 계기로 오랫동안 지속해 온 우리의 관계를 되돌아보게 되어 기쁩니다. 그리고 루소와 함께 새로운 공장을 건립하게 되어 자랑스럽게 생각하고 있습니다.

10주년 축하 메시지는 특별히 프로밧의 대표 윔 어빙Wim Abbing의 말을 전합니다.

"루소가 10주년을 맞은 것을 진심으로
축하드립니다.
루소는 지난 10년간 괄목할 만한 성장을
보여주었습니다. 우리는 신뢰와 믿음,
상호 존중을 기반으로 협력하고 있습니다.
앞으로 루소의 앞날에 더 큰 성공이
함께하길 바라며, 지금처럼 원만하고
협력적인 관계를 지속하기를 바랍니다."

Dear Mr. Jung-Min,

We are very pleased to know that you are celebrating the 10th Anniversary of your business and would like to extend our congratulations to you and your company on achieving this milestone.

In the past ten years your company has been striving to achieve an exceptional performance and our cooperation with you was characterized by reliability, trust and respect.

We wish you all the success for many more years to come and we are looking forward to continuing this agreeable and successful business cooperation with you.

Sincerely yours

PROBAT - WERKE
von Gimborn Maschinenfabrik GmbH

Wim Abbing   ppa. Dirk Brinker

루소랩에서 로스팅을 하는 이유

커피는 다른 농산물과 마찬가지로 해를 넘기면 현저하게 맛이 떨어지는 작물이다. 그렇기 때문에 수급 후 빠른 기간 내에 모두 소진하는 것이 커피 품질을 유지하는 방법이다. 루소에서 판매하는 싱글 오리진 커피 제품은 블렌드 제품보다 적은 양으로 다양한 종류를 운영하고 있다. 사용 물량이 많은 블렌드 제품은 맛의 균일성이나 생산 속도 면에서 대형 로스팅이 적합하나, 다품종 소량 생산되는 싱글 오리진 커피 제품은 공장 생산으로 원두의 신선도를 유지하기에 어려운 점이 많다. 이에 따라 루소는 싱글 오리진 커피의 신선도 유지를 위해 공장의 대량 생산이 아닌 루소랩의 소량 생산을 선택해 로스팅 회전율을 높이고 있다. 또한 블렌드 제품으로 메뉴에 사용하는 '시그니처 블렌드'와 '시그니처 브루잉'도 루소랩에서 직접 생산하고 있다.

청담랩은 매장 개점 시기인 2011년부터 지금까지 꾸준히 로스팅을 해왔다. 초기에 설치한 프로바톤 Probatone 5는 관리를 잘해서 8년째 무리 없이 사용 중이고, 로스터기에서 나오는 연기를 제거하기 위해 로스터 제연기를 설치했다. 이와 함께 자체적인 커피 품질 체크를 위하여 크롭스터와 색도 측정계를 갖춰 안정적인 로스팅 시설을 구축했다. 청담랩은 이 모든 시설이 한눈에 보이도록 출입구 쪽에 로스팅실을 시작으로 커피 브루잉 바를 지나 에스프레소 바까지를 하나의 동선으로 배치해 고객이 커피가 만들어지는 과정을 알 수 있도록 하고 있다. 기본적으로 루소랩과 공장에서 추구하는 커피의 맛과 방향은 '커피 한 잔에 담긴 이야기를 온전히 전달하는 것'으로 모두 동일하다. 다만, 루소는 커피 본연의 맛과 향을 잘 발현시킬 수 있는 최적의 로스팅으로 소규모와 대규모를 구분해 더욱 적합한 방식을 선택하고 있다.

루소랩에서 추구하는 로스터의 역량

루소랩의 로스팅은 공장의 자동화 시스템과 다르게 로스터의 수작업으로 이뤄진다. 로스터는 R&D팀에서 세운 로스팅 기준을 바탕으로 투입 온도와 로스팅 시간, 배출 온도 등 로스팅 프로파일을 일일이 조정해야 한다. 루소는 완성된 원두의 색도 기준 편차가 +/- 1로 타이트한 편이다. 기준을 맞추기 위해선 외부 환경이나 생두 상태에 따른 영향을 줄여 늘 같은 색도와 맛을 유지하도록 해야 하는데, 이를 좌우하는 것이 바로 로스터의 역량이다.

기존의 루소 로스터들은 프로파일에 필요한 내용을 수기로 작성하며 로스팅해왔다. 여기서 하나 달라진 점은 더욱 체계적인 방법으로 프로파일을 관리하고 문제 발생 시 그 원인을 자세히 분석하기 위해 크롭스터를 설치했다는 것이다. 크롭스터란 로스터기에 컴퓨터를 연결해 프로파일이 자동으로 기록되는 장치다. 이 장치엔 시간에 따른 온도 변화를 나타내는 S 커브와 분당 온도 상승률을 보여주는 ROR Rate of Rise이 상세하게 기록되어 로스팅 변화를 세밀하게 파악할 수 있다. 로스터는 이 기록을 토대로 커피 관능에 영향을 준 부분을 확인하고 R&D팀 담당자와 매주 로스팅 품질체크를 한다. 로스팅 된 원두는 분쇄하지 않은 홀 빈 Whole Bean과 분쇄한 커피인 그라운드 빈 Ground Bean으로 나누어 두 가지 색도를 모두 확인한다.

또한, 로스터는 생두 및 생산 관리에서도 중요한 역할을 맡는다. 생두의 품질관리를 위해 생산량을 예측하고, 로스팅 전 생두의 수분과 품질을 확인하는 등 로스팅 시작 전 모든 과정의 품질을 책임지고 있다. 이와 함께 로스팅 룸의 청결한 환경과 로스터기 장비 유지, 포장 시 발견되는 유해환경 요소 제거 등 자칫하면 놓치기 쉬운 부분까지 관리할 수 있어야 한다.

머릿속에 생각하는 커피 맛을 그리며

루소는 커피에서 원하는 관능의 목표를 세우고 그 맛을 구현하기 위해 아낌없이 투자한다. 공들여 가져온 생두의 특성을 정확하게 파악하고 이에 맞는 로스팅 프로파일을 찾는 것이다. '체계적인 노력'으로 한 발 한 발 나아가고 있는 루소의 연구 개발은 총 3단계로 진행된다.

1단계는 샘플 로스팅이다. 생두가 가진 특성을 파악하는 단계로 100~200g 정도 되는 소량의 생두를 로스팅한다. 그 후, 원두 각각의 맛과 색도를 확인해 어떤 제품에 사용할지 결정한다.

2단계는 파일럿 로스팅이다. 쓰임이 결정된 생두를 색도와 로스팅 프로파일에 따라 1kg씩 로스팅하는 단계다. 이 단계에서 중요한 것은 로스팅 프로파일을 결정하는 것이다. 같은 생두를 로스팅해도 화력을 어떻게 조절하느냐에 따라 커피의 맛이 확연히 달라질 수 있기 때문이다. 그 후 로스팅 된 각각의 원두의 관능을 확인하고 배합 테스트를 진행한다. 여기서 배합Blending이란 서로 다른 맛과 향을 가진 원두를 조화로운 맛으로 구현하기 위해 섞는 것을 말한다. 루소 블렌드 제품은 보통 서너 가지의 서로 다른 생두를 각각 로스팅한 뒤, 원두를 일정 비율로 섞는 사후 블렌딩 BAR^{Blending After Roasting} 방식으로 만든다. 배합비 또한 맛을 결정하는 중요한 지표라 할 수 있다. 무엇보다 중요한 것은 '원하는 맛'을 확인할 때까지 로스팅 프로파일, 색도와 배합 테스트를 반복하는 것이다.

3단계는 프로덕트 로스팅이다. 파일럿 단계에서 확정된 배합비와 관능을 기준으로 대형 로스터기에서 동일한 품질의 제품이 생산될 수 있도록 로스팅 프로파일을 조정한다. 로스팅은 규모와 환경이 달라질 때마다 세밀한 차이가 발생하는 예민한 작업이다. 그렇기 때문에 기계와 환경의 특성을 잘 알고 있어야 몇 천 킬로 단위로 늘어나는 생산량을 손실 없이 만들 수 있다. 대형 로스터기와 시스템을 파악해 원료의 투입 양, 투입 온도, 화력, 로스팅 시간, 색도를 하나하나 설정하여 수치화한다. 이 역시 실제 생산에 들어가기 전 테스트를 거듭한다. 이는 꽤 큰 투자다. 예를 들어 설명하자면, 루소의 스모키 블렌드는 네 가지 원두를 사후 블렌딩으로 만드는 제품이다. 샘플 로스팅을 제하고 파일럿 로스팅을 4차에 걸쳐 진행해 최종 배합비를 확정했다. 확정된 배합비를 기준으로 해서 대형 로스터로 로스팅을 진행하는데, 네 가지 생두를 각각 60kg 투입하여 6회 로스팅했다. 한 제품의 로스팅 프로파일을 설정하기 위해 1,440kg에 달하는 생두를 소비한 것이다. 이는 단순 생두 가격으로만 해도 수백만 원에 달하는 금액이다. 사실 많은 곳에서 이 테스트를 부담스럽게 생각해 횟수를 줄이는 방식을 택한다. 그러나 루소는 '테스트 없는 결과는 없다'는 생각과 많은 테스트가 더 나은 제품으로 보답할 것이라는 확신으로 연구 개발을 지속하고 있다.

일련의 과정을 거치며 쌓아온 루소의 로스팅 노하우는 사람으로 남았다. 모든 단계에서 가장 중요한 것은 '사람'이라고 이야기하는 루소. 아무리 자동화 시스템이 잘 갖춰져 있다고 해도 작은 변수를 읽어내지 못하면 좋은 로스팅을 할 수 없다고 여긴다. 루소는 생두부터 시작해서 최종 로스팅이 끝날 때까지 지속해서 머릿속에 생각하는 커피 맛을 그릴 수 있어야 하는 것이 좋은 로스팅의 조건이라고 믿는다. 몇 명의 뛰어난 사람보다 많은 사람들이 한뜻으로 움직이는 회사를 만드는 것이 목표이기에 매장과 공장의 생산자, 품질관리 인원을 교육해 로스팅 노하우를 전파하고 이들이 현업에서 스스로 개발과 개선에 참여할 수 있도록 격려하는 것도 잊지 않는다. 루소는 이렇게 그들만의 방식으로 로스팅 연구 개발의 깊이를 더해가고 있다.

품질을 위한 노력

The Optimal Roasting

동일한 커피를 제공하기 위한
로스팅 품질 검사 22단계

루소의 로스팅 품질관리 시스템은 크게 4단계로 나눠진다. 입고 검사, 공정 검사, 포장 검사, 사후 검사. 단계별 검사에는 크고 작은 세부 검사들이 있다. 로스팅한 원두가 제품으로 나오기까지 거쳐야 할 검사 단계는 총 22가지. 동일한 커피를 제공하기 위해 루소의 품질관리가 얼마나 철저하게 이뤄지는지 증명하는 부분이다.

첫 번째. 입고 검사

입고 검사는 생두 검사와 포장재 검사로 구분된다. 먼저 내부 규격에 맞춰 생두, 포장재의 부합 여부를 확인한다.

- **1단계** 수분검사
- **2단계** 외관 검사
  : 결점두[1]가 있는지 여부, 스크리닝[2]
- **3단계** 샘플 로스팅
- **4단계** 커핑 테스트

원료를 선적하기 전 샘플과 실제 들어온 생두의 품질이 동일한지 점검하는 단계.

- **5단계** Current Green Bean Test - PSS[3]
  품질과 동일성 확인
- **6단계** 잔류 농약 검사 : 55개 항목

생두 상태에서 농약이나 곰팡이 같은 위해 요소나 화학적 위해 요소가 있는지 검사하는 단계다.

- **7단계** 곰팡이 독소 검사
  : 오크라톡신 Ochratoxin A, 아플라톡신
- **8단계** 화학적 위해 요소 검사
  : 납, 카드뮴, 수은, 비소
- **9단계** 생물학적 위해 요소 검사
  : 병원성균 검사

생두뿐만 아니라 커피를 포장하는 포장재 안전성 검사를 진행한다. 이와 함께 식품 표기 사항 규정에 맞게 기재되고 있는지 확인한다.

- **10단계** 표기 사항 확인
- **11단계** 부자재 입고 검사
  : 병원성 미생물 검사

두 번째. 공정 검사

공정 검사는 로스팅한 커피가 내부 규격에 맞는지 검사하는 과정이다.

- **12단계** 색도 측정
  : L*값, Agtron Value 측정
- **13단계** 반제품 커핑 테스트
  : 배치[4]별 테스트, 원료 및 제품별 품질관리
- **14단계** 입도[5] 특수성 측정
  : 일정한 수율[6] 관리 (분쇄두의 경우)

세 번째. 포장 검사

포장 상태가 양호한지 점검하는 과정이다. 이 과정에서 질소량과 깨진 콩 등을 검사한다.

- **15단계** 질소 충전 검사
  : 잔존 산소 1% 이하 유지
- **16단계** 내용량 측정
- **17단계** 깨진 콩 검사
  : 가공, 이송, 포장 중 발생한 깨진 콩 모니터링
- **18단계** 밀봉 상태 및 외관 확인
  : One-way 밸브

네 번째. 사후 검사

사후 검사는 제품이 출고되기 전에 진행하는 매뉴얼 검사와 안정성을 확인하는 자가품질, 미생물, 위해요소 검사로 이루어져 있다.

- **19단계** 매뉴얼 테스트
  : 제품 균일성 확인
- **20단계** 자가 품질 검사
- **21단계** 미생물 검사
- **22단계** 위해 요소 검사

1 결점두 : 곰팡이가 있거나 벌레가 먹는 등 외관상 불안정한 요소가 있는 콩
2 스크리닝 : 커피콩의 사이즈 검사
3 PSS : Pre-Shipment Sample
4 배치: 한 번에 구워낸 원두의 양
5 입도: 로스팅 된 원두 하나하나의 평균 지름이나 대표 지름
6 수율: 분쇄한 원두가 기대한 분량과 맞는지 백분율로 나타낸 비율

고객의 소리를 듣다

VOC(Voice Of Customer)는 기업 내·외부에서 접수되는 고객의 다양한 요구사항을 효율적으로 처리해 고객 만족을 극대화하는 시스템이다. 루소는 VOC로 쌓인 데이터에서 얻은 인사이트를 루소의 커피 공정 개선, 고객 지향적 제품 개발 등 루소 사업의 전반적인 의사결정에 반영하고 있다. 루소는 그동안 별도의 보고 체계 및 관리 규정 없이 부서별로 VOC를 처리하고 이를 기록해왔다. 2015년 9월, 루소는 이 부분을 적극적으로 보완하기로 하면서 유관부서가 문제를 함께 처리하는 내부 프로세스를 구축했다. 영업, 마케팅, R&D, 품질관리, 생산을 담당하는 각각의 팀에서 9명의 실무자가 매월 1회 정기적으로 한자리에 모인다. 이 자리에서 전월 접수된 내용을 공유하고 반복적으로 나오는 문제점과 제품의 품질에 대한 의견을 공유하고 함께 개선해 나간다. 한편, VOC에는 클레임뿐만 아니라 기분 좋은 소식도 많다. 이런 고객 만족 사례와 우수 사례도 유관 부서에 함께 공유하며 잘하고 있는 지점은 더 강화할 수 있도록 논의하고 있다.

VOC 처리 과정

클레임 접수 → VOC 등록 → 유관 부서 전달 → 처리 담당자 지정 → 샘플 수령 → 본 제품 비교(관능 클레임 시) → 클레임 원인 분석 → 개선 대책 수립 → VOC 결과 등록 → 유관 부서 전달 → 고객/거래처 피드백 → VOC 완료

VOC 사례. 한국장애인개발원

한국장애인개발원은 '아이 갓 에브리씽I got everything'이라는 중증 장애인 채용카페를 운영한다. 루소는 2017년부터 아이 갓 에브리씽과 거래를 시작해 카페 자체 블렌드를 개발·납품하고 있다. 블렌드 개발 이후 루소는 한국장애인개발원에서 개최하는 네이밍 공모전에 전문 심사위원으로 참가하기도 하면서 거래처와의 신뢰를 쌓았다.

원두 납품 초기, 담당 영업사원은 커피의 쓴맛이 강해졌다는 한국장애인개발원의 클레임을 접수했다. 커피에서 쓴맛은 다양한 이유로 느껴지기 때문에 컴플레인 접수 당일 영업사원이 매장에 방문해 매장 내 여러 현상을 점검하며 원인을 찾고자 했다. 우선, 커피 머신의 세팅을 변경하면서 현장에서 발생할 수 있는 원인을 처리했고, 제품의 문제 여부를 정확히 확인하기 위해 원두 샘플을 수거했다. 그리고 수거한 샘플은 R&D팀과 품질관리팀에 전달해 내부 검사를 진행할 수 있도록 했다. 생두의 경시변화부터 제품에 이상이 생길 수 있는 부분을 확인하면서 검사했는데, 결과적으로 제품에는 문제가 없는 것으로 판단됐다.

보통 이런 경우, 매장에 있는 에스프레소 머신의 추출 세팅을 조정해 커피 맛을 관리하는 것이 방법이다. 당시 해당 카페는 머신 추출 세팅에 미숙한 부분이 있었다. 이에 담당 영업사원은 매장을 다시 방문해 문제를 해결하고, 루소는 아이 갓 에브리씽에 유사 문제가 발생할 시 자체적으로 해결할 수 있도록 트레이닝 교육을 제공하기로 했다.

한국장애인개발원은 클레임 처리와 함께 실무에 도움 되는 방향으로 교육까지 이끌어준 루소의 VOC 프로세스에 높은 만족도를 보였다. 그리고 루소는 이번 사례로 VOC는 단순히 고객의 클레임 처리하는 것에 그치는 것이 아니라 고객사의 눈으로 부족한 점을 발견하고 올바르게 처리하며 함께 발전하는 것이라고 다시 한번 느꼈다.

지속적인 연구 개발을 위한 투자

루소는 2017년 4월 '기업부설연구소'로 인정받았다. 기업부설연구소란 기업의 연구 개발 촉진을 위한 혜택을 제공하는 제도로 두 가지 조건을 갖춰야 설립할 수 있다. 하나는 업무 관련 전공자인 연구전담자가 5명 이상이어야 하고, 또 다른 하나는 독립된 연구 공간과 연구 개발 활동에 필요한 장비가 구축되어 있어야 한다. 기존에 연구전담 부서였던 R&D팀은 인력을 더 충원함으로써 기업부설연구소가 되었다. 이와 더불어 깊이 있는 연구 개발을 위해 '전자코'를 도입했다. 루소의 전자코 도입은 중소기업치고 꽤 큰 비용을 투자한 것으로 더 나은 품질의 커피를 만들겠다는 의지가 돋보이는 대목이다. 기업부설연구소 인정 이후, 루소는 안정적인 연구 개발을 할 수 있는 기반을 다지며 제품의 내실을 다지는 데 더욱 집중할 수 있게 되었다.

씨케이 코퍼레이션즈(주)
CK 커피 연구센터

루소의 제품

The Optimal Roasting

싱글 오리진 커피

한 가지 커피의 특징을 즐기고 싶다면 싱글 오리진 커피를 찾아서 마셔보는 것이 방법이다. 여러 산지의 원두를 섞어 하나의 맛을 만드는 블렌드 커피와 다르게 싱글 오리진 커피는 단일 산지의 원두를 사용해 고유의 맛과 향을 낸다. 싱글 오리진 커피는 이름을 통해서 생산국, 재배 지역, 수확 농장 심지어 농장주의 이름까지 알 수 있다. 그래서 커피 애호가 중에는 명확한 정보를 확인할 수 있는 싱글 오리진 커피를 통해 산지와 지역의 차이를 구분하기도 한다. 루소의 싱글 오리진 커피는 뉴크롭New Crop 사용을 원칙으로 하며, 커피의 신선도를 유지하기 위해 루소랩에서 매주 소량으로 로스팅하여 제공한다. 루소가 싱글 오리진 커피를 선정하는 기준은 몇 차례 변화가 있었는데, 이를 루소랩에서 제공하는 싱글 오리진 커피 카테고리에 그대로 반영했다.

싱글 오리진 커피를 처음 선보이다. 2011

싱글 오리진 커피를 경험할 기회가 많지 않은 때였다. 루소는 2011년 루소랩 청담 오픈과 함께 싱글 오리진 커피를 선보였다. 많은 사람이 원두 본연의 맛을 느끼며 다양한 커피를 경험하길 바라며 운영하였다. 청담랩에서 로스팅한 싱글 오리진 커피는 등급에 따라 카테고리가 나눠져 소개됐는데, 크게 COE Cup of Excellence, 스페셜티 Specialty, 프리미엄 Premium으로 구분했다. 이중 스페셜티 커피의 객관성 유지를 위해 미국 커피 품질 연구소 CQI Coffee Quality Institute에서 80점 이상을 받은 커피만을 선정했다. 그리고 레어 Rare, 프레스티지 Prestige 두 가지 카테고리를 더 추가해 블루마운틴, 하와이안 코나, 게이샤 같은 희소성 높은 커피를 판매하면서 싱글 오리진 커피를 적극적으로 소개하기에 이르렀다. 하지만 루소는 커피 선정에 있어 외부의 기준이 아닌 내부에서 세운 기준이 필요하다는 것을 느꼈다. 좋은 품질로 평가되는 커피라고 해도 모두 루소가 추구하는 커피 맛을 내는 것은 아니기 때문이다. 어떤 기준으로 커피를 선택하는 것이 우리가 추구하는 철학에 맞는지 지속해서 고민했다. 물론, CQI의 객관적인 평가도 좋은 기준이었지만 모든 커피에 적용하기란 쉽지 않았다. 산지에서 국내로 들어온 커피를 검토하고, 다시 그 샘플을 미국으로 보낸 뒤 또다시 평가가 나오기까지 한 달이 넘는 기간이 소요됐다. 그러다 보니 마음에 드는 커피가 있어도 긴 검증 시간으로 인해 구입할 수 있는 시기를 놓치는 경우도 있었다.

싱글 오리진 커피를 고르는 내부 기준을 세우다. 2014

CQI의 평가를 받은 싱글 오리진 커피를 제공하면서, 루소 내부에서도 자체적으로 싱글 오리진 커피 점수를 평가했다. 이 과정을 3~4년 경험하다 보니 CQI의 점수와 루소 내부에서 평가한 점수가 지속적으로 유사한 수준을 보인다는 것을 깨달았다. 이후 내부의 커핑 수준이 올라가면서 변화가 일어났다. CQI에서 받던 품질 평가를 중단하고 내부 평가만으로 싱글 오리진 커피를 선정하기 시작한 것이다. 내부 평가는 주 1회 진행하는 정기 커핑을 통해 이루어졌다. 정기 커핑의 과정은 관능, 원산지, 등급 등 선정할 싱글 오리진 커피의 규격을 정한 후 그에 부합하는 샘플 여부를 검토하는 것으로 이뤄졌다. 1개의 제품을 선정하기 위해 20~30가지 샘플을 검토했다. 정기 커핑에서 검토하는 샘플은 연간 약 300여 종에 달하며, 이 중에 10% 정도의 커피만 내부 평가를 통과해 루소랩에 출시된다. 평가 방법은 R&D, 마케팅, 루소랩의 팀원 6명 이상 참석, 1차 커핑 점수 80점 이상, 구매 의사가 과반수 있는 경우다. 루소는 이런 변화를 겪으며 단순히 희소성에 의지하기보다 맛과 품질이 더 중요하다는 것을 깨달았다. 이런 이유로 레어, 프레스티지 카테고리를 과감하게 삭제하고 COE, 스페셜티, 프리미엄의 세 가지 카테고리로 간소화해서 싱글 오리진 커피를 소개하기로 한다.

고객을 위한 싱글 오리진 커피 카테고리를 만들다. 2017

내부 기준으로 싱글 오리진 커피를 고르며, 루소의 관심은 점차 산지로 확대되었다. 트레이더를 통해 생두를 수급받는 것도 좋은 방법이나, 루소의 철학에 맞고 오로지 루소에서만 소개할 수 있는 싱글 오리진 커피를 소개하기엔 트레이더로 만족할 수 없었다. 산지의 농장과 직접 교류하고 싶어졌다. 그때부터 산지에 직접 투자하면서 더욱 좋은 품질의 싱글 오리진 커피를 함께 개발해나갔다. 이와 함께 고객과의 커뮤니케이션도 적극적으로 고민하기 시작했다. 먼저 고객들이 싱글 오리진 커피를 선택할 때 가장 중요하게 생각하는 것이 무엇인지, 커피의 관능을 어떤 유형으로 구분하는지 알아보기로 하고, '2017 소비자 인지와 관능 조사'를 실시했다. 그 결과 고객들이 싱글 오리진 커피를 선택할 때 원산지를 가장 많이 고려한다는 것을 확인할 수 있었다. 루소는 이 결과를 적극적으로 반영해 생두의 퀄리티로 나뉘던 기존의 카테고리를 고객을 위한 카테고리로 변경했다. 2017년 8월, 고객의 선호도와 취향이 담긴 여섯 가지 원산지 카테고리가 결정되었고, 루소랩에 소개되었다. 고객들이 편견 없이 다양한 커피를 선택하고 경험하며 여섯 가지 싱글 오리진 커피의 원산지와 맛을 모두 다르게 느낄 수 있도록 추가하고 있다

블렌드 커피

각각의 원두가 가진 맛과 향을 끌어 올린 뒤 적절히 배합해 새로운 제품으로 만드는 것을 '블렌드'라 한다. 루소는 두 가지 기준에 맞춰 블렌딩한다. 첫째, 원료의 특징을 조화롭게 구현한다. 둘째, 목표 관능에 맞춰 일관성을 유지하며 품질관리를 한다. 대부분의 커피 생산지는 1년에 한 번만 생산한다. 커피는 농산물이기 때문에 수확기마다 상태가 변하는데, 이는 올해 사용한 생두가 내년에 같은 품질로 들어올 보장이 없다는 얘기기도 하다. 루소는 외부 변화에 대응하고 블렌드 기준에 맞는 제품을 만들기 위해 기존에 사용하던 생두 대신 비슷한 뉘앙스의 향미를 가진 대체 원료를 검토해 맛의 일관성을 유지할 수 있도록 한다. 루소는 에스프레소용과 필터용 블렌드의 4종 제품으로 시작해 7종의 제품을 갖추기까지 크고 작은 변화들을 맞으며, 블렌드 기준을 지키기 위해 노력하고 있다.

E 시리즈에서 루소 다크까지

루소는 에스프레소용 블렌드 제품 E100, E200으로 시작했다. 제품명 앞에 E는 에스프레소를 뜻한다. 루소는 더 나은 방향으로 제품을 개선하면서 이름에 변화를 주었다. E100은 마일드한 커피 맛을 가진 '루소 밸런스'로 변경했고, 당시 메인 제품이자 가장 많이 판매되었던 E200는 에스프레소 베리에이션에 적합한 '루소 에스프레션'이라는 제품으로 변경했다. 추가로 E300이라는 프로젝트로 진행했던 커피는 현재 메인 제품인 '루소 시그니처 블렌드'로 출시하면서 라인업을 늘렸다. 그리고 추가로 강배전 제품인 '루소 다크'를 개발했다.

A 시리즈에서 루소 시그니처 브루잉까지

필터용 블렌드는 핸드드립과 드립백에 적합한 커피를 말한다. Arabica 100%를 뜻하는 A 시리즈의 제품으로는 A100, A200이 필터용 초기 제품이었다. 핸드드립용 블렌드인 A100은 당시 필터 커피가 많지 않던 시점에서 새롭게 시도했던 제품이다. 산미를 강조했던 이 커피는 당시 트렌드와 맞지 않아 단종됐다. 블렌드 A200은 에티오피아 계열의 원료를 넣은 블렌드 제품인 '루소 센트'로 이름을 변경해 꾸준히 판매하는 중이다. 이 제품은 현재 바리스타 1급 실기 원두로 쓰이고 있다. 그리고 필터용 커피 라인업을 확장하기 위해 '루소 시그니처 브루잉'을 새로 출시했다. 이로써 루소는 초기 에스프레소용과 필터용 블렌드 제품에서 '루소 밸런스', '루소 에스프레션', '루소 시그니처 블렌드', '루소 다크', '루소 센트', '루소 시그니처 브루잉'까지 여섯 개 제품으로 새 라인업을 구축하게 되었다.

새로운 클러스터를 찾아서

루소는 제품을 개발하면서 사람들이 맛있는 커피를 쉽게 말하고 선택할 방법을 모색하기 시작했다. 그 과정에서 2015년 당시 국내에서 판매량이 높은 제품들을 샘플링하여 '한국형 커피 클러스터 프로젝트'를 진행했다. 1년이 넘는 기간 동안 2,000명 이상의 소비자를 대상으로 진행한 이 프로젝트는 39종의 커피를 비교해 한국인이 선호하는 열 가지 커피 맛의 클러스터를 구분해냈다. 이를 통해 루소는 그동안 제품 라인업에 없었던 매력적인 클러스터를 가진 '루소 스모키'와 '루소 모카'를 추가 개발하게 되었다. 그러면서 기존 제품인 '루소 다크'를 '루소 스모키'로 리뉴얼하기로 하고, 블렌드 제품을 일곱 가지로 확장해 지금의 라인업으로 자리 잡게 되었다.

episode.3

외부 온도 변화에 따른 로스팅 방법

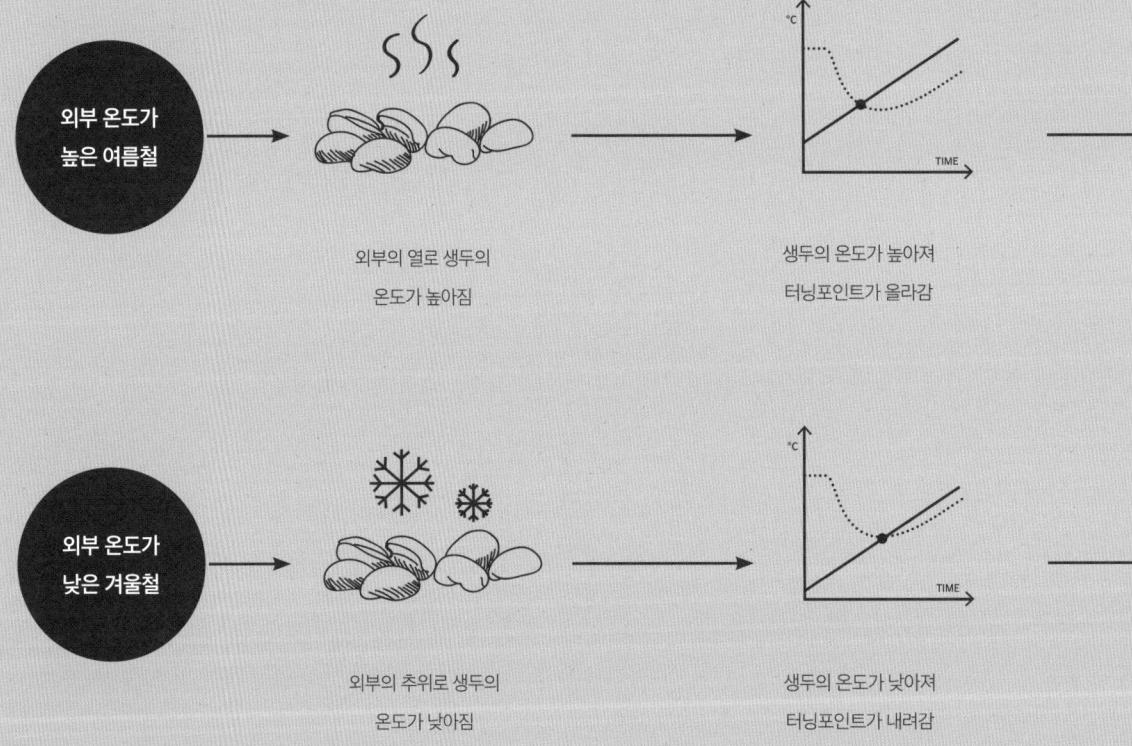

| 외부 온도가 높은 여름철 | → | 외부의 열로 생두의 온도가 높아짐 | → | 생두의 온도가 높아져 터닝포인트가 올라감 |

| 외부 온도가 낮은 겨울철 | → | 외부의 추위로 생두의 온도가 낮아짐 | → | 생두의 온도가 낮아져 터닝포인트가 내려감 |

터닝포인트

로스터기에 생두를 투입하면 생두로 인해 내부의 온도가 떨어지게 되는데, 온도가 하락을 멈추고 상승하는 지점을 말하며 바텀Bottom 온도 또는 터닝 포인트Turning Point라 부른다.

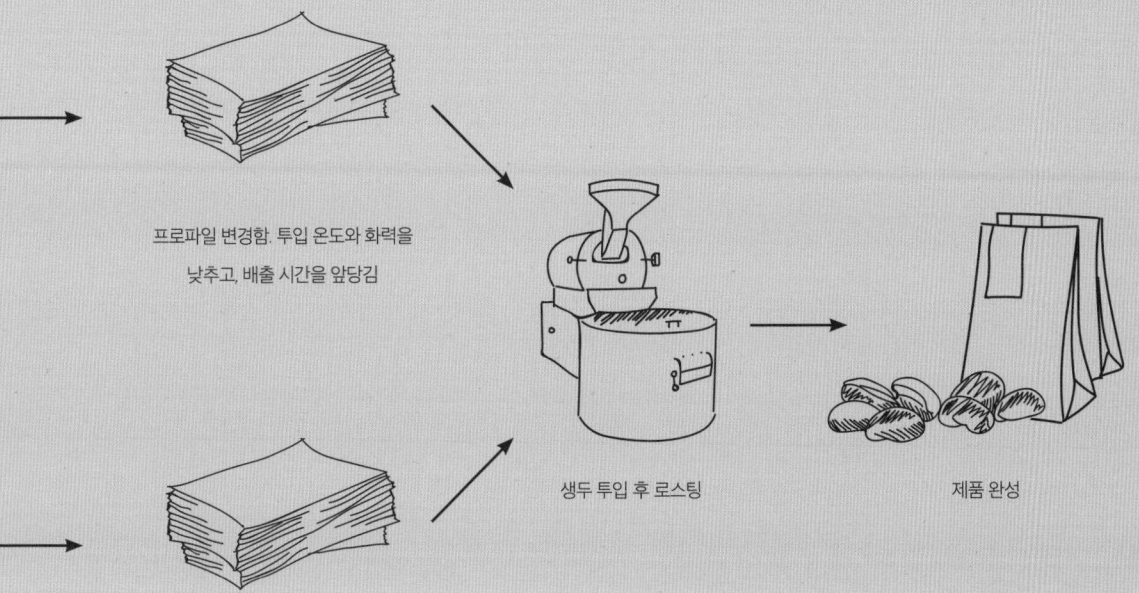

프로파일 변경함. 투입 온도와 화력을 낮추고, 배출 시간을 앞당김

생두 투입 후 로스팅

제품 완성

프로파일 변경함. 투입 온도와 화력을 높이고, 배출 시간을 늦춤

로스팅 프로파일을 변경하는 이유
외부 온도에 의해 로스팅 환경이 달라지게 되는데 동일한 프로파일을 사용하는 경우 관능상에 변화가 발생할 수 있다. 로스팅 프로파일 변경 대응을 통해 관능 기준을 유지한다.

냉각기 설치
외부 온도가 높은 여름철에는 쓴맛과 탄향에 대한 클레임이 발생하기 쉽다. 이를 해결하기 위해 2016년 냉각기를 설치했다. 냉각기는 배출된 원두를 빠르게 식혀 추가로 로스팅 되는 것을 방지한다.

The Best Extraction

3장 최고의 추출

고객을 위한 실험실, 루소랩

The Best Extraction

고객을 위한 실험실, 루소랩의 탄생 스토리

2008년, 루소를 원두커피 브랜드로 론칭했을 때만 해도 아카데미 설립에 대한 계획이 없었다. 하지만 당시 커피 교육 시장에서 바리스타나 커피 종사자들이 제대로 성장할 수 있는 시설이 부족하다고 판단했고, 커피 문화를 이끌기 위해서는 교육이 우선이라는 결론을 내렸다. 또한, 루소 커피를 이용하는 곳이 늘어나면서 '고객이 접하는 한 잔의 커피가 되기까지의 전 과정'을 관리해야만 제대로 된 커피를 정착시킬 수 있다는 철학을 따라 아카데미를 운영하기로 했다.

아카데미 준비 당시, 바리스타 학원이 유행했고 커피 업계도 추출 기술에 상당 부분 치중되어 있었다. 이러한 분위기 속에서 루소는 소규모 로스터리 카페의 꾸준한 증가와 커핑을 필요로 하는 사람들이 늘고 있다는 기회를 포착해, '국내 커피의 질적 성숙'이라는 공익적인 사명감을 안고 국내 최초로 미국스페셜티커피협회 SCAA Specialty Coffee Association of America 기준의 큐그레이더 인증 교육 기관을 설립했다. 이로써 우리나라도 미국, 브라질, 일본, 대만에 이어 세계에서 다섯 번째로 SCAA 인증 커피 교육장을 보유한 국가로 기록되었다.

이는 우리나라에서 큰 의미를 가진다. 그동안에는 미국이나 브라질, 일본 등 인증 교육장이 개설된 나라에 직접 가서 교육을 받고 시험을 치러야 했다. 그렇기 때문에 비용도 많이 들 뿐만 아니라, 문화적 차이나 언어상의 문제 등으로 인해 SCAA 공인 큐그레이더 인증서를 따기가 쉽지 않았다. 그러나 루소 커피랩의 등장으로 이런 불편과 수고를 상당 부분 덜 수 있게 되었다.

루소랩 아카데미는 내부 면적 약 330m²(약 100평 규모), 철저하게 SCAA의 시설 기준과 요구조건에 맞춰 설비한 컵 테스터 전담 교육장과 로스팅 룸, 단체 교육을 위한 세미나실, 에스프레소 커피 트레이닝 룸으로 구성되었고 아카데미 앞에 커피 바와 카페테리아를 겸한 공간도 마련되어 있었다. 이 공간이 바로 루소랩 카페의 전신인 루소랩 논현이다. 카페 형태의 루소랩은 이렇게 아카데미의 일부 공간으로부터 시작되었는데, 당시에는 파일럿 매장의 개념으로써 루소에서 판매 중인 블렌드 커피를 테스트하고 영업 상담에 활용하기 위해, 또 루소 블렌드를 알리는 장소로써의 목적이 컸다.

논현랩에서는 루소 커피에 대한 고객 반응을 조금씩 확인하면서 싱글 오리진 커피에 대한 수요를 포착했다. 2010년도에는 드립바 컨셉을 도입해 싱글 오리진 커피를 소개하기 시작했고, 2년간 논현랩 운영의 경험을 바탕으로 2011년 3월 루소랩의 정식 플래그십 카페, 청담랩을 오픈할 수 있었다.

2009 큐그레이더 강사 마네

고도의 전문성을 가진 로스터리, 루소랩 청담

청담랩은 커피 음료를 판매하는 일반 카페들과 차별화하는 데 중점을 두었다. 국내 최초 SCAA 인증 교육 기관으로써의 경험을 살려 커피 복합 체험 공간을 콘셉트로 잡았다. 이를 위해 로스팅 룸을 전면으로 노출해 로스팅부터 추출, 교육까지 한 번에 경험할 수 있게 했다. 또한, 랩1과 랩2로 나누어 매장 안에 바리스타들의 연구 장소를 별도로 마련했다. 열정을 가진 바리스타들이 커피를 연구하는 모습을 자연스럽게 보여주며 커피에 대한 관심을 이끌고자 한 것이다.

어디에 있어도 찾아올 거라는 믿음

청담동은 국내에서 가장 트렌디한 라이프 스타일을 보여주는 곳이다. 인터넷이 발달하지 않았던 1990년대 중반부터 해외 유학파들이 미국이나 유럽에서 접한 문화를 청담동을 거점으로 공유하기 시작했다. 특히 루소랩 청담이 위치한 학동 사거리 일대는 2000년 후반, 청담동 카페거리에서 미슐랭 밀집 지역으로 주목받으며 레스토랑과 바, 스페셜티 커피를 마실 수 있는 카페 등 미식의 핫플레이스로 자리 잡았다. 이 지역이 이렇게 주목받는 이유는 높은 소비 수준과 국, 내외에서 다양한 경험을 통해 자신이 추구하는 미식에 대해 명확한 기준을 가진 고객층이 많기 때문이다. 첫 번째 루소랩을 청담에 오픈한 이유도 이와 같다. 당시 비교적 대중적이었던 원두커피 프랜차이즈와 달리 스페셜티 커피는 다소 낯선 문화였다. 하지만 이미 2000년 초반부터 해외에서는 제 3의 물결3rd wave of coffee이라 불리는 커피 산지와 가공 방식, 커피가 지닌 다양한 향미에 집중하는 커피 문화가 널리 퍼져 있었고, 청담동이 생활권인 사람들은 이 문화를 먼저 접한 경우가 많았다. 루소랩 청담은 언덕 끝에 있는 곳으로 자리를 택했다. 일반적인 카페에는 적합하지 않은 곳이었지만, 루소랩이 좋은 커피를 제공한다면, 그 위치가 어디라도 찾아오는 사람이 있을 것이라 믿었기 때문이다. 짧게 1~2년 안에 승부를 볼 생각이 아니라, 한 달에 한 명씩 고정 고객을 만들어 간다는 마음으로 길게 생각했다.

커피 복합 문화 공간

2011년부터 현재까지 루소랩의 컨셉은 단순히 멋진 인테리어, 디자인에 한정하는 것이 아니라 우리의 가치와 철학을 명확하게 전달하는 데 중점을 두었다. 커피가 만들어지는 전 과정을 직접 편하게 경험할 수 있는 커피 복합 문화 공간으로써, 트렌드와 그 당시 중점을 두는 사항에 따라 인테리어는 조금씩 변화해왔지만 루소의 철학을 전달하고자 하는 '로스팅 룸, 브루잉 바, 에스프레소 바'를 전면에 노출한 구조는 그대로 유지하고 있다.

2011년 오픈 당시에는 모던함과 심플함을 바탕으로, 영국에서 직접 공수한 빈티지 가구와 소품을 활용해 런던의 한적한 커피하우스를 재현했다. 그러다 2013년, 브랜드 슬로건을 '커피 코멘터리Coffee Commentary, 당신의 이야기를 내리고 싶습니다.'로 변경하면서 대대적인 변화를 주게 된다. 화이트 톤을 바탕으로 커피가 주는 따뜻한 감성을 표현한 것이다. 2017년에는 기존의 톤앤매너를 유지하면서 고객 편의에 중점을 두어 캐주얼한 공간 A홀과 좀 더 오래 머물 수 있는 편안한 공간 B홀로 분리했다. A홀은 밝은 조명에 나무 의자와 대형 테이블을 두어 가벼운 미팅이나 짧은 모임을 위한 공간이라면 B홀은 한 톤 어두운 색상에 낮은 의자를 두어 조금 더 안락한 느낌을 주었다. 또한 로스팅 룸의 경우, 대형 유리문을 사용하여 생산시설을 공개해 신뢰성을 강조했다.

일부러 찾아오는 고객들

청담랩은 유동인구가 적은 언덕 끝에 위치해 있다. 때문에 일반적인 카페처럼 지나가다 들르는 고객들보다 루소랩 방문을 목적으로 찾아오는 고객이 대부분이다. 또 테이블 간격이 넓고 높낮이가 달라 개방된 카페 안에서도 프라이빗한 안락함을 느낄 수 있다. 그래서인지 루소랩 청담에서는 커피를 좋아한다고 소문난 연예인이나 유명인사를 쉽게 볼 수 있다. 우리가 일상에서 잘 모르는 분야의 전문가들도 많이 찾으며, 개방된 카페보다 프라이빗한 공간을 원하는 고객들이 주로 방문하는 편이다. 청담랩에서는 이런 고객들의 성향에 맞춰, 바리스타가 직접 음료를 서빙해주는 '테이블 서비스'와 발렛 주차를 제공하고 있다.

최고의 커피와 서비스를 경험할 수 있는 공간

청담랩은 단골이 80%가 넘는 매장이다. 어느 날 갑자기 인기를 얻은 것이 아니라 2011년부터 서서히 자리를 잡아왔다. 루소랩의 커피와 분위기, 서비스 등이 마음에 든 고객이 지인과 함께 오고, 그 고객이 또 다른 사람과 함께 찾게 되면서 말이다. 지금도 목표는 동일하다. '제대로 된 커피를 마시고 싶은 사람들이 찾는 곳'이 되어야 한다. 때문에 앞으로는 청담에 출시하는 메뉴와 정동에 출시하는 메뉴에도 차이를 두려고 한다. 분위기를 경험할 수 있는 공간이 되길 바란다.

커피를 즐기는 방법의 확장, 루소랩 정동

루소랩 정동은 '커피를 즐기는 방법의 확장'으로써 브런치&베이커리 카페로 그 컨셉을 잡았다. 브런치로 유명한 호주의 시드니와 멜버른을 방문하여 50여 군데의 브런치 카페를 시장 조사하며 루소의 방법으로 구현하기 위해 노력했다. 처음에는 주말 브런치로 시작한 것이 현재는 주중 브런치까지 확대하여 커피와 함께 즐길 수 있는 음식에 대한 서비스를 함께 제공하는 공간이 되었다.

커피 살롱 문화의 계승

루소랩 정동은 우리나라 최초 근대식 호텔로 기록된 손탁호텔이 있던 위치에 자리를 잡았다. 손탁호텔은 한국 최초의 커피숍이자 조선 외교의 중심이었던 곳이다. 조선 고종 시대 '정동구락부'라는 사교 모임이 이뤄지던 손탁커피에서의 커피 문화는 당대 지식인들의 살롱 문화를 가장 잘 표현해준다. 그렇기에 정동은 커피라는 매개로 소비자와 소통하고, 커피를 소비하는 세련된 문화를 표현하고자 하는 루소의 지향점과 잘 부합하는 지역이다.

정동이란 지역은 근대 건축물이 많은 편이다. 정동의 길을 걷다 보면 세월의 흔적이 묻은 벽돌 건물을 많이 볼 수 있는데, 이러한 지역의 일부를 조화롭게 녹여내기 위해 루소랩 정동은 자연에서 그대로 온 소재들과 세월의 흔적을 고스란히 간직한 소재들을 선택해 공간을 구성했다.

편안하게 커피를 즐기는 공간

루소랩 정동 1층에 위치한 에스프레소 바의 디자인은 소비자들과의 커뮤니케이션을 원활하게 하는 것을 최우선으로 두고 작업한 결과물이다. 바의 모양을 U자로 만들고, 커피를 추출하는 동시에 소비자들과 소통할 수 있도록 바리스타들이 양측을 모두 활용할 수 있게 했다. 또한 소비자들이 단순히 커피만을 소비하는 것이 아니라 커피 문화 자체를 경험할 수 있도록 에스프레소 바 뒷 편에 로스팅 룸을 마련하여 커피가 볶아지는 전 과정을 유리창으로 볼 수 있도록 배려했으며, 실제 로스팅 시 사인을 통해 언제나 알 수 있도록 했다. 소비자에게 커피가 만들어지기까지의 전 과정을 친절하게 설명하기 위함이었다.

2018년 정동랩에 있던 로스팅기를 철거했다. 루소랩 전체를 '로스터리'라는 컨셉으로 가져갈지, 매장별 특징을 부각시킬지 고민한 끝에 내린 결정이다. 물론, 직원들의 휴식공간 확보와 업무환경 개선이라는 내부적인 고민도 포함되었지만, 큰 틀은 '고도의 전문성을 가진 로스터리, 청담랩'과 '베이커리, 브런치와 함께 편안하게 커피를 즐기는 공간, 정동랩'으로 명확하게 구분하기 위한 결정이었다.

보다 쉽게 커피를 접하는 방법

정동랩은 로스터리 카페를 운영해본 경험에, 정동이라는 지역의 역사적 의미를 확장시킨 공간이다. 정동구락부가 지녔던 살롱문화를 현대식으로 어떻게 해석할지 많은 고민이 있었다. 남녀노소가 한데 모여 자유롭게 문화적 교류를 나눌 때, 오랜 시간 한 공간에 머무른다면 커피와 함께 간단하게 즐길 수 있는 먹거리가 필요하지 않을까? 빵 또는 간단한 식사와 함께 커피를 제공한다면 더 많은 사람들이 보다 쉽게 커피를 접할 수 있지 않을까? 이러한 고민들 끝에 '브런치&베이커리 카페'라는 결과 도출하게 되었고, 루소랩 정동의 메뉴는 'All day coffee & eating'이라는 컨셉을 갖게 됐다. 청담랩이 로스팅과 스페셜티 커피에 더욱 집중하는 곳이라면, 정동랩은 커피와 브런치&베이커리의 페어링을 연구하는 공간인 것이다.

그럼에도 루소랩 전체를 관통하는 철학은 단 하나, 커피 본연의 맛과 향을 추구하는 것이다. 정동랩이 브런치&베이커리에 주력하더라도 여전히 루소의 메인은 '커피'다. 그렇기에 모든 브런치와 베이커리는 '루소의 커피와 어울리는가?'부터 고민한다. 사실 이 고민은 키친팀을 가장 어렵게 하는 부분이다. 셰프의 입장에서는 다양한 요리를 하고 싶어 한다. 그래서 2018년 초 정동랩의 메뉴 방향을 기획할 때, 식사로 충분한 파스타를 메뉴로 제안하기도 했다. 결론부터 얘기하자면 파스타는 단칼에 반려됐다. '파스타 메뉴와 커피가 잘 어울리는가?'라는 물음에 대한 정답을 아직 찾지 못했기 때문이다.

지금도 이 고민은 계속되고 있고, 내부적으로는 셰프가 메뉴를 개발하면 바리스타가 함께 테스팅하는 방식으로 그 조화를 맞춰가고 있다. 또한, 외부적으로는 커피와 브런치가 발달한 일본과 호주를 직접 찾아다니며 새로운 메뉴를 구상하고 있다. 정동랩에서는 '실험실'이라는 타이틀답게 음식과 커피의 페어링을 꾸준히 찾아가는 중이다.

커피 문화를 전파하는 실험실

카페에서 테이블 수는 매출과 직결되는 역할을 한다. 하지만 정동랩은 과감하게 테이블 수를 줄이고 트레이닝 룸을 만들었다. 예전 아카데미 안에 카페가 있던 '루소랩 아카데미' 시절과 반대로, 카페 내에 독립된 교육 공간을 만든 것이다. 루소랩이 단순히 커피를 마시고 즐기는 카페가 아닌, 커피 문화를 전파하는 실험실이라는 점을 실질적으로 구현하기 위해서였다. 트레이닝 룸의 이용 대상은 일반 고객이기도 하고, 바리스타나 로스터 같은 내부 직원이기도 하다. 고객 대상의 커피클래스를 진행하는 장소이면서 바리스타들이 삼사오오 모여 스터디하는 공간이자 때로는 스스로 공부한 내용들을 공유하는 세미나 장소가 되기도 한다. 트레이닝 룸은 전면이 유리로 되어 있어 내부에서 일어나는 모습들을 밖에서 지켜볼 수 있는데, 클래스를 진행할 때면 클래스의 참여 방법이나 내용을 묻는 경우가 많다. 직접 참여하지 않더라도 커피 문화에 관심을 두게 하는 공간이라는 점을 잘 보여준다.

좋은 커피를 지속적으로 경험하게 하는 것

정동랩 주변에는 전문직 종사자들이 많은 편이다. 대사관이나 학교 재단, 대형 로펌 등이 밀집해 있어 비교적 소비수준이 높다. 출근 시간이나 점심 시간대에 커피 마시는 분들이 많은 걸 보면, 하루 커피 소비량도 높은 것으로 예상된다. '에티오피아 코체레 바리스타픽 매거진'에 인터뷰 한 정동랩 단골 고객 중 한 분은 프렌차이즈 커피숍의 쓴 커피를 마시다 커피에 흥미를 갖기 시작해 루소랩 정동에 정착했다고 한다. 이처럼 커피를 자주 마시면서 커피에 관심이 많은 회사원들이 정동랩의 주요 고객이라고 할 수 있다. 정동랩은 커피에 대한 고객의 관심을 채워주고, 좋은 커피를 지속적으로 경험하게 함으로써 좋은 커피에 대한 기준을 만들어주는 역할을 하고자 한다.

루소랩이 경험을 통해 깨달은 것

루소랩 삼청

(2013년 10월 ~ 2017년 3월)

2013년은 루소에 잠시 변화가 있던 시기다. 커피가 있는 테이블에서 일상이 빛나기 시작한다는 뜻을 담아 브랜드 슬로건을 'Coffee Commentary'로 잡고, 일곱 가지 주요 가치를 정했다. 마스터 Master(최고의 정점에서 만나는 완벽함을 위한 진화), 진정성Authentic(공감과 감동을 이끄는 진실되고 온전한 마음), 품격Classy(사치의 명품이 아닌 격이 있어 삶이 빛나게 하는 명품), 여유Slow(일상을 향유하는 느림의 미학), 퓨처빈티지Future Vintage(과거로부터 자극과 영감을 불러들여 미래의 끝과 교류), 미지Unknown(미지의 탐험으로 이끄는 안내자), 창조적 독려Creative urge(창조적 영감을 깨우는 교류). 이렇게 정한 브랜드 정체성을 표현하기 위해 청담랩을 리뉴얼했고, 위 컨셉에 부합하는 위치를 선정해 신규 매장까지 오픈했다. 당시 삼청동은 가장 인기 있던 지역 중 하나로, 과거의 시간이 멈춰있는 듯한 분위기가 루소의 새로운 컨셉과 잘 맞았다. 루소랩 삼청은 '슬로우 커피'를 표방하며 메인으로 더치 커피를 내세웠다. 또한, 화이트 톤을 바탕으로 따뜻하고 편안한 느낌을 주기 위해 원목을 사용하였고, 셀프 핸드드립 바, 브루잉 공간 등 작고 아기자기한 공간을 마련해 두었다.

하지만 삼청동의 인기는 오래 가지 못했다. '슬로우 커피'라는 컨셉과 여전히 잘 부합했지만, 삼청동이라는 지역이 주는 느낌이 많이 달라졌기 때문이다. 삼청동의 분위기가 변하면서 자연스레 방문 고객도 변해갔다. 여유를 즐기기 위해 루소랩을 찾는 고객도 일부 있었지만, 대다수가 삼청동을 찾은 관광객이었다. 주 고객층이 바뀌자, 커피를 매개체로 우리의 철학을 전달하는 데 어려움이 생겼다. 이러한 문제로 고민하던 중에 2016년 정동랩을 오픈하게 되었고, 인근 지역에 위치한 삼청랩의 영업 종료를 결정하게 되었다.

루소랩 명동
(2013년 11월 ~ 2015년 1월)

루소랩의 입점을 희망한 백화점의 요청으로 롯데백화점 에비뉴엘에 오픈하게 되었다. '바리스타랩'이라는 타이틀을 달고, 백화점에 방문하는 많은 고객들에게 커피가 추출되는 전 과정을 제대로 전달하기 위해 로스팅 시설을 어렵게 갖춰 단독 매장을 준비했다. 또한 다양한 추출 방법을 소개하는 데 초점을 맞춰 케맥스를 메인 추출도구로 선정하여 사용했다. 하지만 명동 역시 오래 운영하지 않았다. 백화점 내부라는 한계로 로스팅을 제대로 할 수 없었고, 무엇보다 루소가 추구하고자 하는 방향을 유지하기 힘들었기 때문이다.

루소랩 청진
(2014년 2월 ~ 2016년 5월)

종로, 옛 피맛골에 위치한 그랑서울 청진 상가에서 운영했던 루소랩 청진. 루소랩의 첫 번째 오피스 상권이었던 청진은 바쁜 도심 속 오아시스 같은 공간으로 트렌드 세터들에게 영감을 주고자 오픈하게 되었다. 루소는 청진랩을 계기로 오피스 상권에서의 운영 전략을 파악할 수 있었다. 그러던 중 2013~2014년에 걸쳐 매장을 확장하려던 계획에서 2016년, 거점 매장에 우리의 역량을 집중하는 것으로 방향을 바꿨고, 정동랩을 오픈하며 청진랩과 통합했다.

루소랩 수원
(2014년 06월 ~ 2014년 11월)

매장 확장 전략을 펼치던 2014년, 백화점의 제안으로 오픈한 곳이다. 명동 에비뉴엘과 동일한 컨셉으로 진행하려 했으나 백화점 식품관 내 작은 공간에서 브랜드의 철학을 표현하기에는 여러 제약이 많았다. 심지어 커피를 여유롭게 즐길 수 있는 공간조차 확보하기 어려웠던 상황이었다. 결국, 영업 6개월 만에 조기 종료를 선택했다.

경험을 통한 배움

루소랩 삼청, 명동, 청진, 수원을 경험하면서 루소랩을 운영함에 있어 루소가 본질적으로 추구하는 것이 무엇이고, 잘하는 것이 무엇인지 파악하는 것이 얼마나 중요한지 깨달았다. 여러 매장을 오픈하고 종료해본 경험의 결과가 현재 루소랩의 모습에 그대로 반영되었다.

많은 이들이 카페 운영에 있어 가장 중요한 부분이 입지라고 생각한다. 하지만 루소랩은 오히려 카페가 활발하게 형성되지 않은 지역에 위치해 있다. 사람들이 많이 모이고 유행하는 지역을 쫓는 것이 아니라, 우리가 추구하는 철학과 부합하는 장소를 찾는 것이 중요하다는 것을 경험을 통해 깨달았기 때문이다.

특히 가장 접근이 어려운 곳에 위치해 있음에도 3~4개 매장이 사라지는 동안 굳건하게 자리잡고 있는 청담랩올 보면 그 사실이 더욱 명확해진다. 브랜드 아이덴티티를 구현할 수 있고, 루소의 철학을 반영하는 장소라면 산골짜기에 위치해 있을지라도 고객들은 반드시 찾아올 것이고, 루소의 뜻을 전할 수 있으리라 믿는다.

루소 커피를 만날 수 있는 또다른 곳

루소 웨이LUSSO Way를 실천하고 발전시키는 곳을 루소랩이라 한다면, 위드루소with LUSSO는 타 브랜드와 협업하는 곳이다. 현재 GS홈쇼핑과 함께 사내 카페로써 역할을 담당하고 있다.

GS홈쇼핑 입장에서는 복지의 개념으로 임직원에게 최고의 커피를 제공한다는 의의가 있으며, 루소는 위드루소를 운영함으로써 오피스카페 시장에 대응한다는 의미가 있다. GS홈쇼핑을 포함한 기타 고객사에게 도움 될 수 있는 전략을 마련하는 기초가 된다는 점 또한 위드루소 운영 목적의 한 부분을 차지한다.

위드루소에서는 현재 루소랩에서 판매하는 것과 동일한 커피를 50% 이상 저렴한 가격으로 제공한다. 직원들의 복지를 위해 GS홈쇼핑에서 나머지 금액을 부담하기 때문이다. GS홈쇼핑 측에서는 프리미엄 커피 브랜드를 사내에서 편히 즐길 수 있음에 내부 직원들의 만족도가 굉장히 높은 편이다.

위드루소는 사내 카페 특성상 동일 고객이 재방문하는 경우가 많다. 따라서 GS홈쇼핑의 임직원들이 다양하게 루소를 즐길 수 있도록 커피 외 다른 음료까지 시즌별로 개발하여 여러 가지 메뉴를 폭넓게 제공하고 있다.

루소랩에서 즐길 수 있는 메뉴

에스프레소 베리에이션 Espresso Variation

루소랩에서는 시그니처 블렌드를 메인으로 사용하고 있다. 시그니처 블렌드는 커피 본연의 맛과 향을 추구하는 루소의 대표 블렌드로 다크 초콜릿, 아몬드, 블루베리와 바질의 뉘앙스를 느낄 수 있다. 시그니처 블렌드 고유의 맛과 향을 즐기기에는 에스프레소나 아메리카노가 적합하고 단맛과 고소한 맛을 원한다면 카페라떼나 카푸치노를 추천한다.

아이스 아메리카노, 아이스 카페라떼

더치 큐브라떼 Dutch Cube Latte

루소랩의 시그니처 메뉴로 자리 잡은 더치 큐브라떼. 8시간 동안 천천히 내린 더치커피를 큐브 형태로 얼린 후 우유를 부어 마시는 메뉴다. 독특한 형태와 더치 특유의 풍미로 2012년 출시한 이후 꾸준히 인기를 얻어왔다. 루소는 더치 큐브라떼용 원두를 별도로 로스팅하고 관리한다. 더치 큐브에 사용되는 원두도 몇 번의 리뉴얼을 거쳐 커피의 맛을 지속적으로 개선하고 있다. 2016년 과테말라 COE 1위를 단독으로 낙찰받았을 당시, COE 커피를 다양한 방법으로 경험하는 기회를 제공하기 위해 한정 기간 해당 원두를 사용해 메뉴를 만들기도 했다.

(좌측부터) 하리오, 케멕스, 에어로프레스

필터 커피 Filter Coffee

필터 커피란 종이 필터로 걸러서 추출한 커피를 말한다. 흔히 말하는 핸드드립 커피로, 루소에서는 추출 방식에 초점을 두고 필터 커피라는 메뉴 카테고리 명칭을 선정했다. 필터 커피는 향미와 개성이 다른 7~8개의 싱글 오리진 커피와 입문자도 부담 없이 접하기 쉬운 시그니처 브루잉으로 구성되어 있다. 커피 제공 시에는 비교적 균일하게 추출이 가능한 하리오 V60 드리퍼를 사용하지만, 바리스타픽을 시작으로 각 커피의 특징을 극대화할 수 있는 추출기구를 매칭하는 '매칭 메서드 Matching Method' 방식을 적용해 맛의 스펙트럼을 넓히고 있다.

(좌측부터) 수플레 롤 케이크, 크루아상, 브리오슈

커피와 어울리는 빵 Bakery

루소는 커피와 어울리는 빵과 디저트에 대한 고민을 연구하기 위해 루소랩 정동에 베이커리 키친을 만들었다. 정동랩의 파티시에는 바리스타와 협업해 메뉴를 개발하고, 새로운 커피와 어울리는 빵을 페어링한다. 부드러운 케이크 종류와 브리오슈, 크루아상 등 담백한 빵이 주를 이루며 베이커리도 원재료 고유의 맛을 표현하기 위해 딸기, 포도, 밤 등 제철 과일과 재료를 사용한다. 베이커리 키친의 실험은 빵을 활용한 브런치 메뉴와 커피의 페어링까지 확장하고 있으며 루소의 또 다른 연구 공간으로 발전하고 있다.

끊임없는 도전

단 하나의 목적, '커피 본연의 맛과 향'을 위해
루소가 해온 도전에 대하여.

안녕하세요. 본인 소개와 함께 루소와의 인연에 대해 이야기해주세요.

안녕하세요. 저는 루소에서 마케팅 팀장으로 일하는 김영진입니다. 이전 직장에서 약 7년 정도 영업, 영업지원, 영업전략, 마케팅 업무를 했어요. 바쁠 때는 일주일에 6일 이상을 출근해야 하는 경우도 많았는데요. 가정을 꾸리고 아이를 갖게 되면서 '내가 이곳에서 계속 일하면서 좋은 아빠가 될 수 있을까?' 하는 고민이 들었고, 마침 씨케이 코퍼레이션즈에서 일하는 선배에게 제안을 받고 이곳으로 이직하게 됐어요.

이직을 결정할 때 중요하게 생각했던 부분이 있었나요?

그 당시 '경험'처럼 눈에 보이지는 않지만 가치 있는 것들을 사고파는 시대가 올 것이고, 그런 의미 있는 일을 해보고 싶다는 생각을 하고 있었어요. 그러던 중 '커피'가 그런 비정형의 문화적인 일이 아닐까 하는 생각이 들었어요. 그리고 회사를 선택할 때 가장 중요하게 생각했던 게 납품을 받아서 유통만 하는 곳이 아니라 실질적인 제조업을 하고 있는지 여부였어요. 면접 자리에서 회사의 '핵심 역량'이 무엇인지 질문하였을 때 '로스팅'이라는 답변을 받았어요. 그 대답을 들으니, 여기서 직접 원두를 볶는 거라면 분명 본질에 대해 고민을 할 것이고, 그럼 의미 있을 거라는 생각이 들었어요. 입사 전에 루소의 모든 매장에 가보고 매장 분위기, 일하는 사람들, 고객의 반응들을 봤을 때 한번 시작해봐도 괜찮겠다는 확신이 들어 입사를 결정하게 됐어요.

그동안 루소가 해왔던 마케팅 방향과 팀장님이 바라시는 방향은 잘 맞았나요? 이전의 것들과 부딪치는 것도 있었을 것 같아요.

마케팅 수장이 누구냐에 따라, 그 사람이 가진 경험의 기준으로 마케팅 방향이 조금씩 바뀔 수밖에 없어요. 그러다 보니 담당자가 바뀔 때마다 조금씩 달라져 왔던 것 같아요. 누군가는 '커피콩'에 초점을 맞췄고, 또 누군가는 홍보 및 포지션에 초점을 맞추고 이벤트에 많은 투자를 했던 적도 있어요. 그래서 사실 지난 과거를 보면 브랜드 아이덴티티가 자주 바뀌어 왔던 것 같아요. 그런데 저는 이 히스토리가 중요하다고 생각했어요. 기존의 담당자가 저마다 다르게 잡아 놓았더라도 그 모든 걸 관통하는 하나가 있을 거라고 믿었어요. 그래서 그 역사를 연결하는 일을 해야겠다고 다짐했어요. 현재의 루소가 추구하는 건 '커피 자연주의'예요. 그것을 조금 풀어서 본연의 맛과 향을 추구하는 게 루소의 정신이라고 정의를 내렸죠.

'커피 자연주의'를 실현하기 위해 그동안 다양한 실험을 해왔다고 들었어요. 가장 먼저 '커피 무한도전'에 대해 이야기해 보고자 합니다. 루소만의 '커피 무한도전'을 하게 된 계기가 무엇인가요?

커피를 이야기할 때 커피 맛을 좌우하는 요소의 비율이 일반적으로 원료가 70%, 로스팅이 20%, 추출이 10%라고 해요. 이런 면에서 봤을 때 원료는 선택해서 구매해 오는 것이기 때문에 우리가 원료를 위해 직접적으로 할 수 있는 건 적은 상황이고, 나머지 로스팅과 추출인 30%만이 우리가 해볼 무언가가 있겠다고 생각했어요. 그 30% 안에도 수많은 변수가 존재해요. 로스팅을 예로 들면 로스팅하는 생두의 양이나, 온도, 시간, 심지어 누가 로스팅을 했는지에 따라 커피 맛이 달라질 수 있어요. 이런 다양한 변수를 하나하나 정리해 보자고 처음 실행하게 된 거예요. 어떻게 하면 최상의 맛을 표현

할 수 있을까, 커피 본연의 맛을 내려면 어떻게 해야 할까, 라는 의미에서의 접근이었죠.

'커피 무한도전'에서 해본 도전은 어떤 것들이 있나요?
무한도전을 할 때 커피에 대한 본질을 찾을 수 있게 '학문적으로 접근해서 사람들에게 도움이 되게 하자', 또 하나 '재미 요소를 넣어 사람들이 커피를 쉽게 느끼게 하자' 이 두 가지 생각으로 시작했어요. 그래서 학문적 접근으로는 분쇄도에 따라 커피향이 어떻게 달라지는지, 커피 추출 시간에 따라 결과물이 어떻게 달라지는지, 물에 따라 커피 맛이 어떻게 변하는지, 루소의 커피에는 어떤 우유가 잘 어울리는지 등을 테스트했어요. 또 재미를 위해 커피로 떡, 사탕, 피자, 술, 캔들 등 다양한 것을 만들어 봤어요. 이런 도전을 통해 사람들에게 "이렇게도 커피를 즐길 수 있어요."라고 말하고 싶었죠.

루소랩 블로그에서 보니, 커피로 그림도 그리더라고요. '커피 본연의 색으로 그리다'에 대해서도 이야기해주세요.
제가 대학 다닐 때 미술 동아리도 하고, 그림 그리는 게 취미였어요. 그래서 커피 본연의 색으로 그림을 그려보면 어떨까 생각하게 됐죠. 아무것도 첨가하지 않고 커피로만 그림을 그려서 보여주면, 사람들이 커피에 대한 재미와 흥미를 느낄 수 있지 않을까? 싶었고, 또 이게 바로 우리가 생각하는 루소의 정신이나 이미지와 비슷하지 않을까 하는 생각이 들어 진행하게 됐어요. 매장의 모습을 시작으로 메뉴나 커피 원산지를 주로 그렸어요. 원숭이해에는 원숭이를 그려서 새해 인사를 하기도 했고요. 이렇게 계속 쌓아가다 보니, 어떤 작가분이 전시하실 때 초대해 주셔서 두 점을 같이 전시하기도 했고, 2016년 커피엑스포에서는 드로잉쇼를 진행해 새로운 경험을 하기도 했어요.

직접 마케팅 활동을 진행하면서 많은 걸 느끼셨을 것 같아요. 이 도전에 대해 스스로 평가하자면 만족스러우신가요?

제 개인적으로는 만족스러웠어요. 특히 '아, 잘했구나.' 하고 마음에 와닿았던 적이 있는데요. 에티오피아를 방문했던 때예요. 원산지에는 수많은 바이어들이 와요. 저도 그 수많은 바이어 중에 한 명이고요. 그런데 현지에서는 생두를 많이 사가는 사람이 좋은 사람으로 통하다 보니, 구매 가격, 물량에만 커뮤니케이션이 집중되어 있었어요. 그때 제가 그렸던 그림을 보여줬어요. "단순히 커피를 구매만 하기 위해 여기에 온 것이 아닙니다. 커피로만 그림을 그린 것처럼 원산지 커피의 본연의 맛과 향을 고객에게 그대로 전달하는 것이 우리의 목표입니다."라고 설명했더니, 굉장히 관심 있게 봐주더라고요. 그림에는 언어가 필요 없다 보니 이 그림 하나로 대화할 수 있는 좋은 소재가 된 거죠.

굉장히 뿌듯하고 보람 있는 순간이었겠네요. 팀장님이 해보신 또 다른 도전으로는 무엇이 있나요?

루소랩 삼청에서 '셀프 핸드드립'이란 걸 진행한 적이 있어요. 이건 제 개인적인 성향이기도 한데 저는 'Why not?'이라는 생각을 많이 하는 편이에요. '이건 왜 안 하지? 이런 걸 해보면 좋을 것 같은데…' 하는 생각이요. 청담랩의 경우엔 프리미엄 서비스를 지향하다 보니 제약 조건이 많았어요. 그에 비해 삼청랩은 조금 더 자유도가 높았죠. 그래서 삼청랩에서 고객에게 더 다가갈 방법이 없을까 고민하던 차에 '셀프 핸드드립'은 어떨까 생각하게 됐어요. 사실 그 당시 제가 핸드드립을 배우면서 한창 집에서 해보던 시기였어요. 그때 이렇게 하면 신맛이 많이 나고, 또 저렇게 하면 신맛이 덜 나고… 내리는 방법에 따라 다른 맛이 나는 게 정말 재밌는 거예요. 그래서 이 기쁨과 즐거움을 고객도 느끼게 하고 싶다는 생각에 삼청랩에서 시도하게 됐어요. 바리스타들도 단순히 서비스만 제공하는 게 아니라, 고객에게 방법을 가르쳐드리면서 본인들도 스터디가 될 것이고, 자연스레 발전하는 기회가 될 거라는 생각도 있었어요.

너무 재미있는 아이디어인 것 같아요. 이 도전은 과연 성공적으로 끝났나요?

한마디로 말하면 생각했던 것보다 반응이 없었어요. 처음에는 고객들이 신기해하면서 많이 해봤는데, 점점 관심이 줄더라고요. 그때 뭐가 문제일까 많이 고민해봤어요. 생각해 보니, 삼청동이라는 곳 자체가 관광하는 곳이고 데이트하는 지역이잖아요. 그렇다 보니 '삼청랩에 방문하는 고객들은 서비스를 받고 싶어 하지 본인이 직접 수고를 하고 싶진 않을 것이다'라는 생각이 번쩍 들었죠. 결국 셀프 핸드드립 바는 조용히 묻히고 사라졌지만, 이를 통해 고객들이 원하는 게 뭔지 깨달음을 얻었어요. 그 덕분에 비슷한 시점에 청담랩을 테이블 서비스로 바꾸게 됐어요. 대부분 매장이 주문을 하고 진동벨이 울리면 직접 가지러 가는 시스템이라면, 청담랩에서는 바리스타가 직접 자리로 음료를 가져다드리는 시스템을 도입한 거예요. 이러한 과정에 있어 셀프 핸드드립 바도 나름 의미가 있는 도전이 아니었나 싶어요.

루소를 통해 '오픈 데이트'라는 것도 처음 알게 됐는데요. 이에 대해 설명 좀 부탁드려요.

식품은 일반적으로 유통기한을 찍거나 제조일을 찍어 유통기한을 표기하잖아요. 그런데 커피의 경우 같은 유통기한의 원두라도, 어떤 고객은 구매 후 바로바로 먹어 신선한 커피를 마실 수 있지만, 어떤 고객은 사서 한 번 먹고 한 달 있다가 다시 먹는다면 그 맛이 달라질 수 있거든요. 그 부분은 저희가 컨트롤할 수 있는 영역이 아니죠. 그래서 우리가 컨트롤할 수 있는 건 제조일과 판매 기간까지고 그다음엔 고객님이 컨트롤할 수 있는 기간을 직접 표기하게 하면 더 신선하고 좋은 커피를 마실 수 있지 않을까 생각하게 됐어요. 그래서 제품 유통기한 표기 하단에 '오픈 데이트'라고 표기를 해놓고 고객이 직접 개봉한 날을 적어 놓게끔 했죠. 오픈 후 2주 이내에 드시는 게 좋다는 문구를 썼고요. 이 부분에 있어 피드백을 많이 받은 건 아니었지만, 이 또한 본질을 위한 저희의 노력이었다고 생각해요. 어떻게 하면 좀 더 커피 본연의 맛을 즐길 수 있을까, 하는 루소의 철학을 지키기 위한 노력이요.

혹시 루소에게 의미가 컸던 또 다른 도전도 있나요?

2016년에는 커피 품질을 가리는 전 세계적인 대회인 COE Cup of Excellence의 옥션에 참여한 적이 있어요. COE 원두들은 최상의 생두이다 보니 이것을 낙찰받기 위해서는 큰 비용이 필요하긴 한데, 이러한 시도를 하지 않으면 매번 구매만 하는 데 한계가 있을 거라는 생각에 도전해보게 된 거죠. 결국 5시간 반 정도의 경매 진행 끝에 COE 1위를 낙찰받았어요. 그 후로 농장에 대해 알게 되고, 좀 더 관심을 갖게 된 것 같아요. 다이렉트 트레이드가 발전하는 계기도 됐고요. 다이렉트 트레이드는 2015년부터 계속하고 있는데요. 제 개인적인 생각으로는 루소에서 굉장히 의미 있는 프로젝트라고 봐요. 앞서 이야기했던 것처럼 로스팅 20%, 추출 10%에 대한 공부를 그동안 많이 했다면, 이제는 나머지 70%인 생두에 차근차근 접근하며 발전해나가는 시점인 것 같거든요. 이렇게 2년을 진행해오면서 이제는 루소랩에서 사용하는 시그니처 블렌드의 원료는 전부 직접 수급하는 생두로 바뀌었어요. 그게 저희에게는 큰 의미인 것 같아요. 다른 사람을 통해 가져온 게 아니라 현지에 있는 사람들에게 직접 사 온 콩으로 우리의 시그니처 제품을 만들었다는 점이 말이죠.

앞서 말씀하신 모든 실험과 도전을 관통하는 하나의 가치가 있을 것 같아요. 루소가 추구하는 마케팅 방향은 무엇인가요?
커피 자연주의요. 자연이라고 해서 숲속, 새소리 이런 느낌을 생각할 수도 있겠지만, 그것보다는 '본질 그대로'를 의미하죠. 저는 커피를 이야기할 때 '무지개 같다'라는 표현을 써요. 무지개엔 빨간색도 있고 파란색도 있고 초록색도 있고 그 경계선에 있는 색도 있지만, 그렇다고 해서 누가 더 위에 있고 아래에 있는 건 아니잖아요. 저마다 다양한 색을 지니고 있고 그 색을 그대로 잘 표현하는 게 중요한 거죠. 커피도 마찬가지예요. 코스타리카는 코스타리카 커피처럼 표현해야 하고, 케냐는 케냐스럽게 보여주는 게 그 본질에 대한 표현이라고 생각하거든요. 그 지역의 생두가 가진 맛을 그대로 표현해서 고객에서 전달하는 것이야말로 본질에 대한 접근이죠. 그래야만 루소 안에 있는 사람 혹은 콩이 바뀌어도 똑같은 브랜드 아이덴티티가 유지될 테니까요.

루소 마케팅 팀장으로서의 고민은 무엇인가요? 또 그 고민을 해결하기 위해 어떠한 노력을 하시는지도 궁금합니다.
우선, 제품 담당자로서 끊임없이 공부해야 하는 것 같아요. 커피에 대한 공부는 두말할 것 없고, 원산지에 대한 공부, 나아가 영어 공부도 필수죠. 과거에 한번 독일 업체인 프로밧에서 트레이너가 방문한 적이 있는데, 통역사가 필요한 상황이라 제가 직접 통역을 했어요. 그런데 사실 통역이라는 구실을 통해 로스팅이라는 프로그램을 배울 좋은 기회였다고 생각해요. 이러한 기회를 잡기 위해선 계속해서 공부할 필요가 있어요. 중미 출장을 다녀와서는 스페인어 공부도 시작했어요. 그다음은 어떻게 하면 커피 업계가 성장할지, 커피 업계에 대한 고민을 꾸준히 하고 있어요. 전체적인 커피 시장에 대해 생각하지 않으면 언젠가 한계가 올 테니까요. 그래서 이 시장에서 루소의 역할은 무엇일까 고민하죠. 그 일환으로 루소가 가진 좋은 자료나 정보를 어떻게 공유하면 좋을까, 생각합니다. 최근에 에티오피아로 출장 갔을 때 드론을 이용해 산지의 모습을 많이 담아왔어요. 이 자료들을 빠른 시일 내로 외부에 공유하고 싶어요. 실질적으로 원산지를 가볼 수 있는 사람들은 많지 않으니, 산지의 현황이나 자료를 잘 정리해서 업계의 관심 있는 분들에게 전달하는 게 커피 문화가 발전할 수 있는 길이 아닐까 생각합니다.

마지막 질문이에요. 궁극적으로 커피를 통해 이루고 싶은 삶의 모습은 무엇인가요?
제가 꿈꾸는 모습이 하나 있어요. 사람들이 퇴근길에 원두를 구매해 집에 가져와서 저녁 먹고 가족과 함께 핸드드립으로 커피를 내리면서 이런저런 대화를 나누는 거예요. 그리고 그 자리에 루소가 함께하는 거죠. 루소가 사람들의 삶에 여유를 주는 매개체였으면 좋겠어요. 쉽지는 않겠지만, 그런 모습이 되면 정말 보람될 것 같아요.

Beyond the Direct Trade

루소는 2013년부터 커피를 매개체로 사회에 어떤 긍정적인 영향을 줄 수 있을지 고민했다. 당시 커피 업계에서는 '공정 무역'이 화두였는데, 루소는 공정무역에서 한 단계 더 나아간다면 어떤 형태의 활동을 할 수 있는지 모색했다. 그러던 중 '기아대책'이라는 단체에서 인도네시아에 커피 마을을 만들기 위해 준비한다는 것을 알게 됐고, 2년간의 준비 끝에 2015년부터 2017년까지 3년 동안 마을이 커피 농사로 자립할 수 있게 기반을 마련하는 데 참여하게 됐다.

루소가 참여한 곳은 인도네시아의 싼디아산이라는 곳으로, 중부 자바섬에서 차를 타고 두 시간 이상 가야만 도착하는 시골 마을이다. 약 160세대가 거주하는 싼디아산은 열악한 경제 사정으로 아이들이 교육을 포기하거나 초등 교육 이후 방치되는 경우가 많았다. 이 마을은 커피 농사를 시작하기 전 주요 수입원으로 담배 농사를 해왔으나 인도네시아 정부의 금연 정책과 맞물려 농작물을 변경해야 했다. 기아대책의 도움으로 농작물을 커피로 변경했지만 재배 방법이나 커피 농사에 대한 지식이 부족하고, 커피 체리를 생두로 가공하는 데 필요한 시설도 전무했다. 루소는 이 마을이 커피 마을로 자립할 수 있도록 전문 교육과 기반시설 마련에 집중적인 도움을 주었다. 2015년부터 매년 마을을 찾아 커피 묘목을 기증하고 농사 환경을 점검했다. 2015년에는 생두 가공을 위한 수조와 물탱크를 설치할 수 있도록 후원금을 제공했고, 2016년에는 생두 가공 과정에 있어 품질을 높일 수 있도록 시설을 추가적으로 제안했으며 마을에서 전문적인 커피 교육도 진행했다. 2017년 루소의 피드백으로 생두를 가공할 수 있는 기본 시설을 갖추게 되었고 기아대책에서는 마을의 2단계 성장을 위해 해발 1,500m 이상 고지대에 있는 31ha 규모의 국유림과 MOU를 체결해 균일한 품질의 커피를 생산할 수 있는 환경을 마련했다.

싼디아산 마을은 매년 괄목한 성장을 보였다. 두 번째 수확에서는 약 20배 가까이 수확량이 증가했다. 2017년 세 번째로 수확한 커피는 내추럴, 워시드, 길링바사(인도네시아 고유의 커피 가공방식)를 테스트하며 다양한 가공방식을 통한 품질 향상의 가능성을 확인하기도 했다.

산지의 커피 품질 향상을 위한 다음 단계

루소의 첫 번째 CSR Corporate Social Responsibility이 커피를 통한 빈곤 탈출과 자립이었다면, 다음 단계는 커피 산지에서 실질적으로 커피 품질 향상에 도움이 되는 활동을 하는 것이다. 현재 검토 중인 곳은 온두라스와 코스타리카로, 해당 지역에서 자체적으로 커피 품질 향상이나 생산자의 삶의 환경 개선을 위해 활동하는 단체와 접촉하고 있다. 온두라스의 경우, 커피 소작농 Small farmer들이 직접 일반 트레이더에게 커피를 판매하면 정당한 보수를 받기가 힘들다. 그래서 현지의 한 단체에서 소작농들을 위한 커피 경매 프로그램을 기획하고 있고, 2018년에 첫 경매가 있을 예정이다. 루소는 생산자의 삶의 질 향상이라는 측면에서 경매를 후원할 예정이다. 이 경매를 통해 커피 소작농들이 정당한 대가를 받고, 자발적인 품질 향상이 이뤄지길 기대하고 있다.

실험실 속 사람들

The Best Extraction

실험실 속의 연구원, 바리스타

전통적으로 바리스타란 바Bar 안에서 음료를 제조하여 고객에게 제공하는 사람이다. 단순해 보이는 이 정의를 잘 들여다보면 음료 제조에 필요한 스킬뿐만 아니라 고객에 대한 서비스, 매장 운영관리 등 많은 능력이 필요하다는 것을 알 수 있다. 루소랩의 '랩'이 실험실을 의미하듯, 바리스타는 그 속에서 끊임없이 연구하는 연구원 같은 존재다.

루소의 바리스타는 다른 직원들과는 달리 고객과 만나는 최접점에서 근무하는 사람들이다. 이 말은 즉, 바리스타 한 명의 이미지가 루소의 이미지를 대표할 수 있다는 말이기도 하다. 그렇기 때문에 루소의 바리스타는 고객이 루소에 와서 한 잔의 커피를 마실 때 단순히 음료가 아닌, 루소의 문화와 전문성을 느낄 수 있도록 지식과 기술을 갖춰야 한다. 전문성을 구현하기 위해서는 커피 관련 직접적인 테크닉과 지식을 함양하고, 이를 토대로 매장의 매뉴얼을 이해하고 습득하여 고객의 요구에 편안히 응대할 수 있어야 한다. 더 나아가 루소 웨이LUSSO Way를 이해하고 커피 본연의 맛과 향을 구현하기 위해 끊임없이 노력하고 준비해야 한다.

루소에서 근무하는 바리스타는 스스로 발전할 수 있는 기회가 많이 주어지는 편이다. 스터디나 다양한 커리큘럼의 교육이 지속적으로 제공되며 사내대회, 바리스타가 참여하는 싱글 오리진 커피 개발, 레시피 콘테스트 등 바리스타의 역량을 보여줄 수 있는 플랫폼이 마련되어 있다. 이러한 기회를 적극 활용하여 바리스타로 근무하는 시간 외에도 스스로 공부하는 바리스타들이 많다는 것이 루소 바리스타만의 특징이라 볼 수 있다. 또한, 일반 개인 매장 혹은 프렌차이즈 매장과는 다르게 '조직'이라는 문화의 이해가 가능하며 개인의 역량에 따라서는 원산지 방문 및 대회 참여 등의 다양한 기회를 획득할 수 있다.

루소의 바리스타들은 주변의 조력자들과 함께 커피 관련 경험과 역량을 쌓고 시스템적 사고, 협업 등을 경험하며 커피 전문가로서 커피 시장의 다른 바리스타들에게 롤모델이 되는 것을 목표로 하고 있다.

추출의 전 과정을 이해하는 바리스타 출신의 로스터

로스터는 원료인 생두가 가진 잠재력을 로스팅을 통해 끌어 올려 최상의 향미를 가진 커피로 만드는 사람이다. 생두를 다뤄야 하기에 원료에 대한 이해가 바탕이 되어야 한다. 커피 원산지의 특성을 알아야 그린빈을 알고, 그린빈을 알아야 '불'이라는 열에너지를 통해 바리스타가 원하는 바를 구현할 수 있다. 로스터기를 다루는 기술뿐만 아니라 커피 산지에 대한 이해와 원료인 생두에 대해 충분한 지식을 가지고 로스팅 프로파일을 개발했을 때 더욱 독특한 풍미를 만들 수 있는 것이다.

루소랩의 모든 로스터는 바리스타 출신이다. 바리스타가 로스터로 전환할 때는 트레이닝팀과 R&D팀에서 전문 로스팅 교육을 받고 현장에 투입되며, R&D팀이 로스팅 과정에 참여해 1년 이상 서포트 한다. 바리스타는 역량 강화라는 측면에서, 루소는 로스터의 인프라 확장이라는 점에서 서로에게 이득이 된다. 바리스타로 시작해 로스터로 전환하고 현재 루소랩 정동을 관리하는 양태호 점장은 바리스타로 일했을 때와 로스터가 되었을 때 그리고 로스터를 거쳐 다시 바리스타가 되었을 때 커피를 바라보는 관점이 완전히 달라졌다고 한다. 바리스타로 일할 당시 추출이 잘되지 않으면 그 원인을 쉽게 원두로 돌리곤 했는데, 로스터로 일한 뒤엔 다각적으로 커피를 바라보며 문제를 찾게 된 것이다. 또한, 로스팅할 때도 단순히 규격에 맞춰 커피를 볶는 것이 아니라 바리스타가 추출할 때 어떻게 하면 커피의 특징이 잘 발현될 수 있을지 로스팅 포인트를 찾아가며 일하고 있다.

커피와의 어울림을 연구하는 셰프와 파티시에

루소랩 정동에서는 커피와 함께하면 더없이 좋을 아이템으로 베이커리와 브런치를 선택했고, 이를 위해 셰프와 파티시에가 존재한다.

셰프와 파티시에의 역할은 바리스타와 크게 다르지 않다. 다루는 원재료와 기구 그리고 방법이 다를 뿐, 자신이 만드는 빵 혹은 음식이라는 최종의 결과물에 대해 전문적이어야 하고 원재료부터 만드는 과정 하나하나에 충실해야 한다.

좋은 공간과 그 공간에 곁들인 커피, 빵 그리고 브런치가 함께했을 때 고객의 행복감은 소소하게나마 배가 될 수 있다. 그 행복한 감정을 확실히 전달하기 위해 루소의 셰프와 파티시에는 루소랩이라는 실험실 속 사람들답게 끊임없이 고민하고 노력한다.

루소 커피를 사용하는 고객사 중에는 베이커리, 레스토랑, 호텔 등이 있다. 셰프와 파티시에가 하는 노력의 산물은 해당 고객에게 보다 효과적인 커피를 제안하고, 선택하는 데 도움이 될 수 있는 자료로도 활용하고 있다.

성취감을 높여주는 사내 대회

CKCC CK Coffee Championship는 2015년부터 시작된 사내 커피 대회다. 다함께 즐기는 축제의 장으로, 우승자를 선발하는 대회를 개최해 스스로 동기 부여하고 개인의 역량을 강화하는 데 목적을 두었다.

대회 구성은 실제 국가대표 선발전과 동일하다. 2015년에는 국가대표 선발전 출전을 목표로 전 종목을 실시했다. 바리스타 챔피언십과 컵테이스터스, 브루어스컵, 라떼아트, 굿 스피릿 총 5가지 종목을 운영했는데, 국가대표 선발전과 마찬가지로 바리스타 챔피언십과 컵테이스터스에 참가자가 몰리는 현상이 발생했고 나머지 종목은 참가가 저조했다. 루소가 추구하는 방향과 전 종목의 역량이 동일한가 고민한 끝에, 2016년부터 루소가 가장 중요하게 생각하는 두 가지 종목 '바리스타 챔피언십'과 '컵테이스터스'만 유지하기로 했다.

현재 사내 대회는 '레시피 콘테스트'와 함께, 바리스타로서 전문 지식 및 스킬을 겨루는 'CK Barista Championship'과 커피 감별의 우수성을 가려내는 'CK Cup Tasters Championship', 바리스타가 아닌 임직원들을 위한 'CK 장금이를 찾아라', 이렇게 총 3개로 진행되고 있다. 사내대회의 우승자는 해외 연수의 혜택을 얻게 되는데 특히 바리스타 대회 우승자는 후년도 외부대회 참가 준비로 생두 서치를 하기 위해 중남미 등의 커피 산지 투어 기회가 주어진다. 커피가 나고 자라는 환경을 직접 보고 체험할 수 있다면 바리스타들이 더욱 본인의 업에 대해 자부심과 열정을 가질 수 있을 것이라 믿기 때문이다.

CK Barista Championship

바리스타 챔피언십의 심사위원은 총 5인으로, 5명 중 1명은 꼭 외부 전문 심사 위원을 초빙해 구성한다. 외부 전문가가 보는 루소 바리스타의 역량을 객관적으로 판단하기 위함이다. 내부 심사위원들도 심사위원으로 자격이 충분한 사람들로 구성했다. 트레이닝팀의 정경림 팀장의 경우 월드 사이포니스트, 국내 사이포니스트의 심사위원이자 2017년 한국 바리스타 챔피언십 파이널 심사위원으로 활동한 전문 심사위원이다. 이 외에도 월드 사이포니스트와 한국 브루어스컵 심사위원을 역임한 트레이닝팀 박효영 과장, MOB 심사위원인 R&D 이관수 팀장과 바리스타 자격증 1, 2급 심사위원인 영업팀의 정재인 차장이 심사를 담당하고 있다. 2017년 대회에 외부 심사위원으로 참가했던 최치훈 원장은 사내 대회가 첫 출전인 바리스타가 많았음에도 생각보다 높은 수준을 보여 놀라워했다. 또한, 3년째 대회를 담당하고 있는 정경림 팀장은 사내대회를 통해 바리스타들의 실력이 매년 향상되는 것을 체감한다고 평했다.

바리스타 챔피언십에서 챔피언으로 뽑힌 우승자는 다음 해 국가대표 선발전 참가에 있어 전폭적인 지원을 받게 되며 더불어 실제 대회에서 사용할 커피를 산지에서 찾을 수 있도록 산지 출장의 기회도 함께 부여된다. 실제로 루소랩 아카데미 출신의 박창규 바리스타는 2016년 대회에서 우승하고 코스타리카, 파나마, 과테말라 지역을 다녀와 '코스타리카 라 피라 데 도타' 커피를 직접 선택해 바리스타 픽으로 출시하기도 했다.

CK Cup Tasters Championship

컵 테이스터스 챔피언십은 3개가 한 세트로 구성된 총 6세트의 컵 중에서 다른 하나의 커피를 찾는 대회로 커피 관능 수준을 평가한다. 실제 대회와 비교했을 때, 비슷한 수준으로 준비되며 국가대표 선발전보다 어려웠다는 의견도 다수 있다. 2016년에는 모든 컵을 맞춘 참가자가 없었지만, 2017년에는 5명이나 나왔다. 그중에서도 정동랩의 양태호 점장은 6개의 컵을 2분 58초 만에 맞춰 챔피언에 등극했다. 그는 우승의 이유를 특별한 연습보다 평소 노력한 흔적들의 결과라고 말했는데, 이 점에서 많은 바리스타들이 공감했다. 실제로 많은 바리스타가 사내 교육에 적극적으로 참여하고 있고 R&D 정기커핑, 정동 스터디, 트레이닝팀 주체의 스터디 등 관능 수준을 향상시킬 기회가 많기 때문이다.

컵 테이스터스 챔피언십의 우승자에게는 해외연수의 기회가 주어진다. 2016년 우승자는 CSR 활동으로 인도네시아 산지에 다녀왔다. 인도네시아 현지에서 커피 농장 경험과 더불어 산지 사람들에게 커피 교육을 제공하며 개인적으로 보람 있는 활동을 진행했고, 2017년 우승자에게는 SCAJ 박람회 참관의 기회가 주어졌다.

CK 장금이를 찾아라

CK 장금이를 찾아라는 CKCC가 자칫 바리스타만을 위한 대회라고 생각될 수 있어 루소 전사의 축제 개념으로 마련된 이벤트다. 커피에 직접적으로 관여되지 않은 사무직군이 참가할 수 있는데, 매일 커피를 접하고 경영관리직군 교육도 상시로 운영되다 보니 생각보다 높은 수준을 보인다. 초대 챔피언으로는 마케팅팀의 한미선 디자이너가, 2017년에는 IT팀의 임동주 대리가 우승을 차지했다.

CK 장금이를 찾아라는 커피 머신과 원두 등 50만 원 상당의 푸짐한 부상이 걸려 있어 참가자가 가장 많고 치열하다.

레시피 콘테스트

레시피 콘테스트는 자발적으로 참여하는 기회를 마련한다는 점에서 CKCC와 방향성은 같지만, 고객과의 접점에 있는 바리스타들이 조금 더 고객의 소리에 귀 기울이는 계기를 제공한다는 점에서 차이를 보인다. 2011년 루소가 청담랩 하나만 있었을 때는 메뉴 개발부터 제조, 운영에 대한 전반적인 부분을 매장 내에서 컨트롤했다. 하지만 점차 매장이 확장되면서 그 기능은 전담 부서로 이관됐고, 바리스타들이 루소랩 운영에 참여할 수 있는 범위가 자연스레 줄어들었다. 이에 능동적으로 업무에 참여하는 분위기를 만들고자 했다. 또한, 바리스타는 항상 매장에서 고객을 만나기 때문에 관심만 갖는다면 고객의 요구를 가장 정확하게 파악할 수 있는 위치에 있다. 이러한 점을 반영해 바리스타들이 직접 신메뉴를 개발하고 루소랩에 출시하는 기회를 부여하고자 레시피 콘테스트를 운영하게 되었다.

레시피 콘테스트의 우승자에게는 해외연수의 기회가 우선적으로 부여된다. 그리고 우승한 메뉴는 R&D팀에서 별도의 평가를 통해 루소랩 출시 여부를 결정하게 되는데, 루소랩에 신메뉴로 출시되는 경우 메뉴 개발자의 이름을 공개하고 자신의 메뉴를 고객들에게 직접 소개하게 해 성취감을 느낄 수 있도록 한다.

루소의 철학과 방향을 깊게 고민하는 시간

바리스타 픽Barista's Pick이란 루소에서 직접 수급하는 생두 중 루소랩에 출시하는 싱글빈 제품의 선정부터 로스팅, 추출 레시피까지 바리스타가 주도해 개발하는 프로젝트로, 2015년부터 2017년 12월까지 총 10개의 제품을 선보였다.

바리스타는 '바Bar 안에서 만드는 사람'이라는 의미의 이탈리아어로, 커피를 추출하고 정해진 레시피에 따라 음료를 만드는 일을 한다. '과연 바리스타의 역할은 이것이 전부일까?' 바리스타 픽 프로젝트는 이 질문에서 시작됐다. 싱글 오리진 커피를 개발하는 과정은 생각보다 단순하다. 커핑이라는 과정을 통해 루소가 추구하는 맛과 좋은 품질의 생두를 찾고, 생두가 가진 맛과 향이 잘 발현될 수 있도록 로스팅을 한 후에 맛과 향을 가장 잘 나타낼 방법으로 추출한다. 겉으로 보기엔 단순하지만 과정마다 많은 경험과 노하우, 과학적인 지식이 필요하다. 우리는 커피 개발에 바리스타가 참여함으로써 커피에 대한 전문성을 높일 수 있다고 생각했다. 루소가 추구하는 철학을 완성하려면 고객을 접점에서 만나는 바리스타의 전문성이 필수적이기 때문이다. 또한 바리스타 픽 프로젝트를 통해 바리스타 스스로 루소의 철학과 추구하는 방향에 대해 깊게 고민하고, 고객의 취향을 반영하기 위해 고객의 소리에 더욱 귀 기울이고 소통하는 계기가 되기를 바랐다. 이러한 과정에서 루소가 생각하는 맛있는 커피와 사람들이 맛있어 하는 커피 사이의 교집합을 찾아 바리스타 픽이라는 결과물이 만들어진다.

바리스타 픽은 여전히 진행 중인 프로젝트로 매번 조금씩 발전하고 있다. 지금은 바리스타 픽에 사용하는 생두를 DT Direct Trade로 규정했지만, 맨 처음 시작할 때는 바리스타가 싱글빈 개발에 참여한다는 기본 규칙 하나만 가지고 있었다. 첫 번째 바리스타 픽 '니카라과 엘 오조 데 아구아'는 국내에서 수급한 생두였지만 맛과 향의 밸런스가 만족스러워 선정하게 됐다. 두 번째와 네 번째 바리스타 픽이었던 '에티오피아 시다모 내추럴 디 카페인'은 카페인에 취약한 분들도 필터 커피를 경험하게 하고 디카페인 커피는 맛이 없다는 인식을 바꾸기 위해 출시했다.

초기 바리스타 픽 프로젝트가 바리스타의 소극적인 참여였다면, 다섯 번째 바리스타 픽 '인도 크리쉬나기리'를 개발하면서부터는 바리스타 픽의 두 번째 기준인 '루소가 직접 수급하는 싱글 오리진 커피에만 바리스타 픽이 적용된다'는 내용이 추가되며 그 형태가 조금씩 완성되어 갔다. '인도 크리쉬나기리'는 루소의 DT 싱글 오리진 커피로 인도 특유의 스파이시함이 매력적인 커피였는데, 그 독특한 향미를 최대로 발현하기 위해 추출기구로 클레버를 사용했다.

가장 이상적인 바리스타 픽의 모습은 여덟 번째, '코스타리카 라피라 데 도타'에서 만들어졌다. 2016년 사내 바리스타 대회에서 우승한 박창규 바리스타가 우승 포상으로 중남미 산지 출장을 가게 되었고 코스타리카, 파나마, 과테말라의 19개 농장을 방문했다. 그중에서 가장 인상적이었던 커피를 한국으로 가져왔는데, 그 커피가 바로 '코스타리카 라피라 데 도타'다. 바리스타가 산지를 방문해서 싱글 오리진 커피를 선정하고, 샘플 로스팅도 하고, 추출 레시피까지 정하는 등 말 그대로 전 과정에 직접 참여하여 진행한 것이다.

하지만 모든 바리스타가 산지를 찾을 수는 없기에, 현재는 매주 진행하는 정기 커핑에서 샘플을 검토할 때 바리스타들이 적극 참여해 자신이 선택할 바리스타 픽도 함께 모색하고 있다.

그동안의 바리스타 픽

1st 니카라과 엘 오조 데 아구아
"첫 번째 선물" by 이주호

상큼한 과일향과 꿀과 같은 단맛이 인상적인 커피. 생소한 니카라과 커피를 소개하려고 많은 고민을 했다. 특히 맛과 향의 밸런스에 중점을 두고 개발했다.

2nd 에티오피아 시다모 내추럴 디카페인
"카페인 걱정 없이 마셔요." by 박상준

블랙티의 향긋함과 바디감이 좋은 커피. 디카페인에 대한 고객의 요청이 많았고, 이를 반영하여 디카페인 커피를 개발했다. 디카페인 커피는 맛이 없다는 인식을 바꾸기 위해 많은 노력을 기울였다.

3rd 콜롬비아 라 시에라 페이네타
"힐링 시간이 되길 바라요." by 정유진

건과일의 부드러운 산미와 긴 여운을 가진 커피. 콜롬비아 커피는 단맛이 좋고, 과일 같은 상큼함이 특징인데, 이러한 점을 강조하려고 했다.

4th 에티오피아 시다모 내추럴 디카페인
"언제나 즐거운 경험이에요." by 신윤서

초콜릿과 꿀 같은 단맛을 가진 커피. 두 번째 바리스타 픽으로 운영했던 커피인데, 그 맛과 향이 좋아 다시 선택되었다. 하지만 커피는 농산물이기 때문에 수확하는 시기가 달라 전혀 다른 커피라고도 할 수 있다. 이번엔 특히 단맛에 집중하여 개발하였고, 추출 도구도 이에 맞게 에어로프레스로 선정했다.

5th 인도 크리쉬나기리
"신선한 낯섦" by 권서현

다크초콜릿의 풍미와 보리의 구수함과의 밸런스가 좋은 커피. 특히 인도 커피 특유의 스파이시함이 인상적인데, 스파이시함을 긍정적으로 표현하기 위해 노력했다. 추출 기구로 클레버를 사용했다.

6th 코스타리카 세넬캄포스
"올겨울 당신의 마음을 따뜻하게 감싸줄 수 있도록" by 문다정

진저티의 느낌과 다크초콜릿의 단맛이 인상적인 커피. 루소가 산지에 가서 농장을 방문하고 농부와의 교류를 통해 직접 가져온 첫 번째 다이렉트 트레이드 Direct Trade 생두다. 직접 가져온 커피인 만큼 부담감이 컸지만, 커피가 가진 맛과 향이 잘 표현되었다. 루소랩 고객분들의 반응도 무척이나 좋았다.

7th 파나마 핀카 레리다 게이샤
"화려함 속의 우아함" by 민여진

엘더플라워의 향긋함과 라임의 새콤달콤함을 가진 커피. 일반적으로 게이샤 커피라고 하면 향에 비해 맛이 떨어진다는 평이 많다. 이런 인식을 바꾸고자 향뿐만 아니라 맛을 잘 표현하는 데 집중했다. 그 결과 산미와 단맛의 밸런스가 좋은 커피가 탄생했다.

8th 코스타리카 라피라 데 도타
"새롭지만 익숙하고 특별하지만 편안한 커피" by 박창규

설탕 같은 달콤함과 시나몬의 풍미가 인상적인 커피. 루소 사내 커피 대회에서 우승한 박창규 바리스타가 산지에서 직접 선택하고, 개발까지 참여했다. 이 커피는 무산소 발효라는 특별한 방법으로 생산됐는데, 그 결과 얻어진 시나몬 풍미를 잘 표현하는 데 집중했다.

9th 에티오피아 코체레 G3
"단맛을 받쳐주는 산미의 조화가 훌륭하다." by 금정현

부드러운 산미와 은은한 단맛의 조화가 좋은 커피. 고객이 다양한 커피를 경험하면 좋겠다고 생각했는데, 많은 고객분이 산미가 없는 커피를 찾는 점에 안타까움을 느끼고 있었다. 그래서 산미 없는 커피를 좋아하는 분들도 마실 수 있는 커피를 개발했다.

10th 코스타리카 바라블랑카
"풍미와 산미, 촉감을 동시에 만족시켜주는 커피" by 박재근

부드러운 단맛과 긴 여운을 가진 훌륭한 커피. 루소랩 커피의 품질을 담당하는 박재근 QC가 개발에 참여했다. 이 커피는 빌라로보스 Villalobos라는 품종인데, 국내에는 많이 소개되지 않은 커피로 희소성이 있다. 마시면 마실수록 매력적인 커피를 개발하고 싶었고, 그 결과 다크초콜릿의 풍미와 긴 여운, 부드러운 마우스 필Mouthfeel을 가진 커피를 개발할 수 있었다.

노력하는 사람

7년이란 시간 동안 루소와 함께하며 꾸준히
성장하고 있는 루소랩 정동의 점장 양태호를 만났다.

안녕하세요. 먼저 자기소개 부탁드립니다.
안녕하세요. 루소랩 정동 점장 양태호라고 합니다. 저의 주 업무는 이곳에서 일하는 친구들이 최대한 즐겁게 일할 수 있도록 도와주는 것입니다. 일하는 사람의 마음이 편해야 좋은 서비스를 제공할 수 있기 때문에 직원들의 스트레스나 어려움을 해소해주려 노력하고 있죠.

커피 업계에서 일하게 된 계기가 무엇인가요?
제가 커피에 관심을 갖게 된 건 약 7년 전쯤이었어요. 사실 처음에는 커피에 대한 관심보다는 커피 한잔하며 보내는 시간이 좋아 카페에 자주 갔는데요. 어느 날 카페라는 공간 안에 있는 사람들이 눈에 들어왔어요. 저처럼 시간을 보내는 손님을 보며 '저 사람들은 왜 여기에 있나…' 생각했고, 카페 직원분들을 보며 '뭐가 좋길래 저렇게 웃으면서 일하는 걸까?' 하고 궁금해했죠. 그러면서 자연스레 커피에 관심이 생겼어요.

그렇다면 어떻게 루소에서 일하게 됐어요?
처음엔 다른 카페에서 아르바이트처럼 가볍게 일했는데, 하다 보니 조금 더 전문적으로 배우고 싶다는 생각이 들더라고요. 그때 인터넷에서 이것저것 검색하다 루소에서 아카데미를 운영하고 있다는 걸 알게 됐어요. 아카데미까지 운영할 정도면 다른 곳보다 전문적이지 않을까? 조금 더 배울 수 있고 더 많은 기회가 있지 않을까? 하는 생각에 루소에 입사하게 되었습니다.

입사 후 현재 점장이라는 자리에 앉기까지, 어떠한 과정을 밟아오셨는지 궁금합니다.
처음 입사해서 약 2~3년 정도는 배우는 데 모든 시간을 다 쓴 것 같아요. 저는 '매번 새롭다'는 점이 커피의 매력이라고 생각하는데, 그래서인지 공부하면 할수록 새롭고 또 궁금한 게 생기더라고요. 자격증을 목적으로 둔 건 아니었지만, 공부하면서 하나씩 목표로 잡고 해나가다 보니, 어느새 자격증 6개를 취득했어요. 그렇게 3년 정도 지내고 나니 바리스타 외 다른 일이 눈에 들어오더라고요. 회사에서 하고 있는 다른 일이요. 그중 하나가 로스팅이었고, 그때부터 로스팅을 공부하고 배우며 로스터로 일하게 됐어요. 그러다 마침 루소랩 정동 매장에 다방면으로 잘 아는 사람이 필요하다고 해서 점장을 맡게 됐죠. 루소랩에 있는 바리스타 중에는 아마 제가 제일 오래 일했을 거예요.

그동안 개인적으로 성장했다고 느끼는 부분이 있나요?
공부를 계속해야 하는 입장이라, 항상 부족하다고만 생각했었는데요. 최근에 내심 뿌듯했던 일이 있습니다. 얼마 전 사내 대회가 열린 때였어요. 원래 참가할 계획이 없었는데, 갑자기 기회가 돼서 나가게 됐거든요. 그런데 제가 1등을 한 거예요. 그때, '아, 내가 멈춰있지 않았구나' 하는 생각이 들어 굉장히 뿌듯했어요. 사실 새로 들어온 친구들보다 뒤처지지 않으려고 남모르게 많이 노력했거든요.(웃음)

오랫동안 일하면서 느낀 루소는 어떤 회사인가요?

바리스타로서 봤을 때, 많은 걸 배우면서 일할 수 있는 회사라고 생각합니다. 생두 수급부터 로스팅, 추출, 나아가 교육까지… 루소는 커피의 전반적인 부분을 다룬다는 점에서 다른 곳보다 좀 더 폭넓게 배울 수 있는 것이 많은 편이거든요. 또한 회사가 직원들의 성장을 위해 고민하는 게 많이 느껴져요. 덕분에 제가 가진 커피 관련 자격증 모두 회사에서 지원받아 취득할 수 있었죠.

점장님은 좋은 커피의 기준이 뭐라고 생각하세요? 그리고 좋은 커피를 위해 어떤 노력을 하시는지도 궁금해요.
각 단계를 충실히 거친 게 좋은 커피가 아닐까 싶어요. 좋은 원재료를 골라 로스팅을 잘하고, 제대로 추출하면 그게 바로 좋은 커피 아닐까요? 그리고 로스터가 생각한 맛이 잘 전달되게끔 추출된 커피요. 그래서 바리스타는 추출 과정에서 커피 맛을 좌우할 수 있는 사소한 변수를 줄이기 위해 노력합니다. 원두 양, 물의 온도, 추출 시간 등 아주 작은 부분들도 커피 맛에 영향을 끼치기 때문에 추출 시 하나하나 신경 쓰고, 놓치지 않으려 하죠.

최고의 추출을 위해 매일 습관처럼 하는 일들이 있다고 들었어요. 하나하나 설명 좀 부탁드려요.
세 가지 정도가 있는데요. 첫 번째는 원두의 상태를 확인하는 것이에요. 일반적으로, 갓 로스팅한 원두를 가장 신선하고 좋은 원두라 생각하는데, 갓 로스팅한 원두 안에는 이산화탄소가 많아 커피가 원활하게 추출되는 것을 방해해요. 그래서 루소랩에서는 로스팅한 지 5일에서 7일 정도의 시간을 두고 사용하고, 원두 상태가 매일 변하기 때문에 반드시 매일 아침 추출과 관능을 점검하고 있어요. 두 번째는 물의 TDSTotal Dissolved Solids(물속에 들어있는 용해성 고형물질의 총량)를 점검하는 거예요. 일반 고객이 쉽게 느끼지 못하는 미세한 차이지만, 물도 커피 맛에 영향을 미치는 요소 중 하나이기 때문이죠. 점검하는 대상은 에스프레소 머신, 온수기, 식수와 핸드드립용 물로, 평균 TDS 180에서 오차범위 10 내외를 유지하고 있어요. 루소랩에서는 정수필터를 사용해서 물의 TDS를 맞추고 있는데, 필터 사용량에 따라 TDS의 차이가 발생하기 때문에 주기적으로 물의 상태를 확인해 필터를 관리하고 있습니다.

마지막 하나는 무엇인가요?
세 번째는 하루에 세 번 이상 에스프레소 추출 세팅을 조정하는 거예요. 매일 아침, 원두 상태를 체크하면서 그라인더의 분쇄도, 에스프레소 머신의 추출 온도와 추출량을 조정하고 기온이 달라지는 점심시간에 한 번 더 추출 세팅을 맞춰요. 정동랩의 경우 점심시간 동안 많은 고객이 몰리는데, 이 피크 타임이 지나고 다시 세팅을 맞추고요. 이외에도 갑작스럽게 눈이나 비가 오는 등 급격한 날씨 변화가 있을 때, 특정 시간에 고객이 몰린 후, 혹은 수시로 커피 맛을 체크하는 중 맛의 차이가 있을 때 추출 세팅을 조정하고 있어요. 세팅을 조정할 때 분쇄도를 맞추고 추출을 하면서 원두를 사용하게 되는데 한 번에 추출하는 데 사용하는 원두량은 많지 않지만, 매일 여러 차례씩, 한 달, 일 년이 쌓이면 그 양이 어마어마해요. 하지만 일정한 커피 맛을 유지하기 위해 바리스타들은 오늘도 수없이 테스트를 하고 있죠.

최고의 추출을 위한 세심한 노력이 잘 느껴지네요. 이제 마지막 질문이에요. 정동점의 점장으로서, 앞으로의 목표는 무엇인가요?
우선, 새로운 시도들을 많이 하면서 루소라는 브랜드를 널리 알리고 싶어요. 단순히 매출을 높이기보다는 좋은 경험을 제공하는 브랜드가 되는 게 목표예요. 그리고 이 매장을 최고로 만들고 싶어요. 고객분들이 '커피는 루소랩 정동점에 가서 마셔야지!' 혹은 기념일 같은 때 '오늘은 좋은 날이니까 정동점에 가서 디저트를 먹어야지!'라고 생각하실 수 있게끔 말이죠. 저는 이 목표를 달성하기 위해 언제 누가 방문해도 항상 같은 서비스를 제공할 수 있도록 꾸준히 노력하고자 해요. 그러다 보면 언젠가는 계속 오고 싶은 곳이 되지 않을까요?(웃음)

최고의 추출을 위한 교육

The Best Extraction

루소의 가치를 공유하기 위하여

교육은 쉽게 접근할 수 있는 체험이자, 지식을 체득할 수 있는 가장 좋은 방법이다. 루소가 사내 및 외부 교육을 진행하는 것은 교육을 통해 루소 직원들이 지속적으로 성장하는 전문인이 될 수 있게 하며, 또한 고객사들에게 루소의 기업문화와 커피에 대한 지식을 습득하게 하여 루소의 가치를 공유하기 위함이다.

일반적으로 커피 교육이라 하면, 커피 추출 기술이나 기본 커핑 교육 정도만 진행하지만 루소는 바리스타의 전문화를 위해 서비스 심화, 리더십, 커피 원산지 이해 등 새로운 지식을 전달하고자 노력한다.

재미있는 점은 고객 대상 클래스의 과정이 다양한 편이다 보니, 고객뿐만 아니라 동종 업계 분들이 수강하는 경우가 종종 있다는 것이다. 프랜차이즈 카페에 근무 중인 바리스타가 루소랩 클래스를 수강한 적이 있다. 다양한 추출 기구 캐주얼 클래스를 들었는데, 이후 사내 바리스타 시험에 가뿐히 통과했다는 소식을 전해줘 교육자로서 보람을 느낀 적이 있다. 또한, 타 아카데미를 수료한 사람들도 사이폰, 에어로프레스 등을 배우기 위해 루소랩을 찾는 경우가 있는데, 특정 기구만 전문적으로 가르치는 곳이 많지 않기 때문이라고 한다. 로스터리 카페에서 오셨다는 분은 루소랩의 브루잉마스터 클래스를 수강한 뒤 교육 중 본인이 만든 블렌드를, 함께 근무하는 바리스타들과 같이 커핑하면서 새로운 맛을 경험했다는 이야기를 한 적도 있다.

교육의 종류

바리스타 교육

바리스타는 고객과의 최접점에서 근무하는 직원들이기 때문에 지속적인 역량 개발이 필요하다. 루소만의 커피 문화를 전파하는 바리스타를 위한 교육은 직급에 따라 총 5개 단계로 진행된다. 기업문화를 바탕으로 매장 운영 관리 및 서비스뿐만 아니라 브루잉, 에스프레소, 커피 지식, 커피 감별 등 다양한 분야로 나뉜다. 단순한 교육 진행이 아닌 바리스타들이 직접 고민하고 연구할 기회를 제공하여 스스로 역량을 개발할 수 있도록 돕는다.

임직원 교육

루소 임직원은 커피와 관여도가 낮은 업무를 담당하더라도 커피 전문 교육의 기회가 제공된다. 에스프레소 머신을 사용해 커피를 추출할 수 있는 정도의 기본 교육에서부터 커핑, 라떼아트, 로스팅 등 임직원의 지식을 충족할 수 있도록 심화 과정도 진행된다.

거래처 교육

루소 원두를 사용하는 고객사는 루소의 고객이자 또 다른 고객 접점의 채널이다. 아무리 고품질의 커피라고 해도 정작 루소 커피를 판매하는 고객사의 바리스타들이 제대로 추출하지 못한다면 루소의 노력은 의미가 없어질 것이다. 그렇기 때문에 고객사의 직원들이 커피를 제대로 이해하고 추출에 대한 기술을 향상시켜 루소 커피를 제대로 전파할 수 있도록 교육을 제공하고 있다. 바리스타 단계별 교육과 요청에 따라 브루잉, 커핑 등 다양한 교육이 진행된다.

커피 문화 전파의 통로, 캐주얼 클래스

일반인을 대상으로 하는 커피 클래스는 커피에 대한 진입 장벽을 낮추고 다양한 경험을 제공한다는 의미에서 '커피 문화 전파'로써의 목적이 크다. 단, 어떤 경험이든 올바른 과정과 정확한 기준을 제시하는 것이 중요하다. 잘못된 경험을 했을 때 그것을 기준으로 삼을 수 있기 때문이다.

루소가 생각하는 전문가란, 전문가에게는 전문가의 언어로, 입문자에게는 쉽게 풀어서 이해하기 쉬운 수준으로 맞출 수 있는 사람이다. 루소는 장기간 전문가 수준의 교육을 진행하며 역량을 쌓았고 듣는 사람에 맞게 레벨 조정이 가능하다는 판단으로, 일반인 교육을 진행하고 있다. 그렇기 때문에 교육은 트레이닝 팀과 각 매장의 바리스타들이 진행하며, 트레이닝 팀의 강사 교육을 거친 후 일정 수준에 도달한 바리스타만이 클래스를 진행할 수 있다.

루소에서 진행되는 대부분의 클래스는 '커피 문화의 확대'가 목적인 만큼 비용도 무료다. 입문 과정을 거치고 심화 과정을 들을 때도 소정의 재료비만 부담하면 된다. 일부 이론 과정을 제외한 모든 과정은 실습 위주로 구성되어 있고, 누구나 집에서 커피를 쉽게 즐길 수 있게 한다는 취지하에 싱글 오리진 커피를 위주로 여러 추출 기구와 접목해 교육하고 있다. 핸드드립 클래스도 기물에 따라 또는 수준이나 집중하는 요소에 따라 다른 과정으로 준비되어 있다. 예를 들면 추출 기구를 기준으로 하리오, 케맥스 클래스와 에어로프레스나 모카포트, 사이폰 사용법을 배우는 클래스도 있다. 수준에 따라 브루잉 마스터 초급, 중급, 고급으로 나뉜 과정도 있으며 이 과정에서는 추출 변수에 대한 이해와 변수에 따른 맛의 변화를 직접 실험하고 원하는 맛을 표현하기 위해 이 변수들을 어떻게 제어하고 관리하는지 배운다. 교육 내용은 매월 홈페이지와 루소 공식 SNS, 매장 안내를 통해 공지되고 온라인과 매장 방문을 통해 신청받고 있다.

클래스 내용은 전체 매장에서 공통으로 진행하는 것과 매장마다 특화된 클래스로 나누어져 있는데, 클래스 참석자 중에는 각 매장을 돌며 모든 클래스를 듣는 분들이나 한 커리큘럼을 이해될 때까지 두세 번씩 듣는 분들도 간혹 있다. 클래스 참석 후 지인과 함께 다른 커리큘럼을 찾는 경우도 많다. 간혹 같은 분들이 너무 자주 찾는 것을 문제 삼는 경우도 있지만 본인의 시간을 기꺼이 할애해서 계속 찾을 만큼 교육에 대한 만족도가 높은 것이라고 생각한다. 이를 통해 느리더라도 한 명씩, 제대로 전달하고자 하는 우리의 방향이 틀리지 않았음을 알게 해준다.

루소랩에서 커피를 한 잔 마시고 가는 사람과 교육에 참여해 루소의 커피를 경험하는 사람이 주는 피드백은 전혀 다르다. 교육을 할 때는 고객들이 이 커피에 대해 어떻게 생각하는지 보다 정확하게 전달받을 수 있다. 커피에 대한 잘못된 정보는 그 자리에서 바로 고쳐줄 수 있고, 루소가 제공하는 커피가 어떤지 조금 더 유연하게 물어볼 수도 있다. 커피 클래스가 고객의 소리를 가장 잘 들을 수 있는 소통의 창구 역할도 하는 셈이다.

물론 이런 교육이 당장의 수익모델이 될 수 없다는 것은 잘 알고 있다. 하지만 이익의 범위를 어디까지로 잡을 것인가가 더욱 중요하다. 점진적으로 올바른 커피 문화가 확장된다면, 루소의 고객이 될 사람들이 더욱 늘어날 것이라고 믿는다.

커피를 알다

스타일리스트 신우식은 커피와 거리가 멀었다.
이런 그가 루소 클래스를 듣고 커피를 조금 다르게
받아들이기 시작했다.

안녕하세요. 그동안 여러 매체를 통해서 보곤 했는데, 이렇게 실제로 만나 뵙네요. 스타일리스트, 교수, 회사 대표까지 하시는 일이 아주 많아요.
안녕하세요. 스타일리스트 신우식입니다. 여러 일을 하고 있지만 그래도 제 시그니처는 스타일리스트죠. 광고 스타일리스트로 올해 18년차가 됐어요. 그동안 3,000여 편의 광고를 찍으면서 인생에 남는 작품을 만나고, 해외에서 상도 받으면서 광고계에서 어느 정도 자리를 잡았습니다. 이와 함께 배우 스타일링을 겸하면서 여러 일을 맡고 있어요.

루소는 어떻게 알게 되었나요?
원래 카페인이 있는 음료를 잘 마시지 않았어요. 그래서 커피를 마셔도 일부러 디카페인을 찾았죠. 거의 10년간 커피를 멀리하기도 했어요. 그러다 일본의 한 카페에서 핸드드립으로 추출한 원두커피를 접하게 됐는데, 그때 좋은 경험을 했어요. 아주 맛있고 행복한 커피를 마셨거든요. 그러다 아는 지인 중에 그런 커피를 하는 곳이 한국에도 있다며 알려준 곳이 루소였어요.

루소 청담랩의 직원들이 기억할 만큼, 자주 찾아주셨다고 들었어요.
제가 아는 배우들과 커피를 자주 마시러 왔었죠. 청담랩 위치가 안쪽에 있어서 연예인들이 선호하는 부분도 있었고요. 그렇게 자주 다니면서 커피 클래스에 대해 자세히 알게 되었고, 클래스를 신청해서 몇 차례 듣게 됐습니다.

어떤 커피 클래스를 들으셨나요?
'브루잉 마스터 클래스'를 들었어요. 직접 블렌딩한 원두로 추출해서 마셔볼 수 있는 코스 수업이었죠. 그동안 바쁘게 일하면서 네 잔, 다섯 잔의 커피를 연달아 마시다 보니 여유롭게 즐길 틈이 없었는데 이 클래스를 통해 커피를 음미할 시간을 누릴 수 있어서 상당히 만족스럽고 기분 좋았습니다.

직접 들어봤을 때 루소의 클래스는 어땠나요?
커피가 무엇인지 잘 알게 해주는 것 같았어요. 커피를 잘 몰라서 싫어하거나, 마시지 않았던 사람에게 기회를 주는 것 같다고 할까요. 커피로 충고를 하는 것 같기도 했어요. 너희가 아는 커피는 커피가 아니다, 라고 하는 것처럼요. 그 모습이 당당해 보여 좋았습니다.

그렇다면 수업을 듣기 전과 후에 커피를 마시며 달라진 부분이 있나요?
조금 더 집중해서 커피를 마시게 되는 것 같아요. 여유 시간이 생길 때마다 커피를 내려 마셔요. 그전에는 캡슐 머신으로 간단하게 커피를 내려 마시곤 했는데, 클래스를 듣고 커피 도구를 하나둘 사기도 하고 핸드드립에 적합한 원두를 찾게 됐죠.

점점 더 커피에 대해 알아가면서 느끼게 되는 것은 무엇인가요?
커피에는 쓴맛, 밋밋한 맛 등 다양한 맛이 있는데 그것을 어떻게 내리는지는 본인의 기술이더라고요. 그렇게 내린 커피 한 잔에는 그 사람의 성격이 담기는 것 같아요. 그래서 어떨 땐 커피로 성격 테스트를 하는 것 같죠. 단순히 갈린 원두에 물을 붓는 것이 아니라 시간을 들여 안내하고 기다리면서 자신이 좋아하는 맛을 알아가는 게 커피라는 걸 알게 됐어요.

변함없이 좋은 곳

8년이 넘도록 꾸준하게 루소를 찾았다.
변함없는 서비스와 커피 맛에 매료되 클래스까지
듣게 된 최승희에게 몇 가지 물었다.

안녕하세요. 루소가 올해로 10년이 되었는데, 8년간 꾸준히 루소를 찾아주셨다고 들었습니다.

안녕하세요. 최승희입니다. 벌써 시간이 그렇게나 됐나요? 메이크업 아티스트로 일하면서 루소랩 청담을 자주 이용할 수 있었어요. 제가 일하던 곳이 청담동이었거든요. 정확히 어떤 계기로 루소를 찾았는지 기억나지 않는데, 처음 루소 커피를 마셨을 때 '어! 맛있다.' 하는 인상을 받았다는 것은 기억에 남아 있어요. 그 후로 꾸준히 루소를 찾고 있어요.

꾸준히 찾은 걸 보면 첫인상 후로도 루소의 커피 맛이 계속 좋았나 봐요.

항상 변함없는 커피 맛을 느꼈어요. 저는 보통 라떼로 커피를 잘하는 곳인지 아닌지 구별하거든요. 그런데 아직도 그 라떼 맛은 루소가 최고예요. 익숙해져도 싫증 나지 않는 커피를 매번 제공해주죠. 그리고 직원들의 서비스가 훌륭해서 좋아요. 매장에 사람들이 많을 때도 적을 때도 같은 서비스를 받을 수 있었거든요. 다른 곳에 비교해봤을 때 직원들이 자주 바뀌지 않는다는 점도 루소를 좋아하고 친근감 있게 느끼는 부분이고요.

루소를 찾아온 세월만큼이나 애정이 깊다는 게 느껴지네요. 루소의 커피 클래스는 어떻게 듣게 되었나요?

회사에 소속된 메이크업 아티스트일 때부터 커피 클래스에 대한 관심은 있었어요. 하지만 아무래도 스케줄에 맞춰서 일하는 직업이다 보니 시간에 자유롭지 못했죠. 그런데 점차 제 시간을 만들 수 있게 되면서 루소의 커피 클래스를 들어야겠다고 생각하고 적극적으로 신청하게 됐어요.

루소에는 다양한 클래스가 준비되어 있는데, 그중에 어떤 클래스를 들으셨나요?

무엇을 들어볼까 하다가 '케맥스 브루잉 클래스'가 있어서 그것부터 들었어요. 그다음에 '브루잉 마스터 초급 클래스'를 들었죠. 생각해보니 레벨 순서대로 수업을 듣진 않았네요.(웃음)

클래스 분위기가 어떤지 궁금한데 얘기해주실 수 있을까요?

한 번은 청담랩 직원이, 또 한 번은 루소 본사 직원이 클래스를 진행했는데요. 두 분의 느낌은 달랐지만, 사람이 좋으니까 듣기에 좋더라고요. 저도 메이크업 전문가이지만 전문가가 어떻게 알려주느냐에 따라 듣는 사람이 습득하는 게 달라지잖아요. 재밌게 수업을 이끌어주니까 즐거웠죠.

평소에는 어떤 커피 맛을 즐기시는지 궁금해요.

고소한 맛의 커피를 좋아해요. 구수한 맛이 아닌 고소한 맛이요. 요즘은 신맛의 커피가 유행처럼 나오는데 커피 맛을 옛날부터 아는 사람들은 신맛을 별로 안 좋아하거든요. 일부러 고소한 맛을 내는 커피를 찾아가기도 하고 그게 아니라면 주문할 때 따로 이야기하죠. 그런데 루소 클래스를 듣게 되면서 그 신맛을 어떻게 조절하고 잡을 수 있는지 알 수 있었어요.

클래스를 통해 접한 커피는 사 먹는 커피와 조금 다르게 느껴질 것 같습니다. 커피 클래스를 들어보니 어떠셨나요?

자기 입맛에 맞는 커피를 알 수 있겠더라고요. 원두를 어떻게 골라야 하는지, 핸드드립으로 추출할 때 물을 얼마나 쓸 것인지, 시간, 속도 등 커피 맛에 영향을 주는 것들을 자세하고 재밌게 배울 수 있었어요. 앞으로도 클래스를 들을 생각이에요. 이전에 들었던 클래스가 있으니, 이제 브루잉 마스터 중급 클래스를 들어보려고요.

episode.4

**루소랩 구성원들이 스스로의
성장을 위해 하는 노력**

루소랩 바리스타들이 하는 활동 중 의미 있는 일 하나는 고객을 대상으로 하는 캐주얼 교육이다. 고객들이 루소의 커피 문화를 좀 더 가깝고 쉽게 접할 수 있도록 매주 캐주얼 클래스를 진행하고 있다. 누군가에게 지식 혹은 기술을 전달하기 위해서는 스스로 가장 많이 공부하고 준비되어 있어야 한다. 그렇기 때문에 클래스를 진행하는 바리스타는 더 열심히 공부할 수밖에 없다. 이를 통해 본인이 '알고 있는 척하는 것'과 '진짜 알고 있는 것'에 대한 차이를 확연히 느낄 수 있고, 자기 자신의 실력을 보다 객관적으로 검증할 수 있게 된다. 이뿐만 아니라, 교육은 고객과 남다른 친분을 쌓을 수 있고, 고객들의 흥미를 가까이에서 천천히 볼 수도 있는 시간이기에 바리스타에게는 더욱 의미 있는 시간이다. 캐주얼 클래스를 꾸준히 진행하다 보니, 이 교육에 자발적으로 참여하는 바리스타도 늘어나고 있고, 동시에 교육에 참여하는 고객도 꾸준히 늘고 있어 모두에게 고무적인 활동이다.

또한, 루소랩 바리스타들은 본사 트레이닝 팀에서 제공하는 공식 교육과정 이외에 자발적으로 스터디 그룹을 만들어 운영하고 있다. 2016년 정동랩이 오픈하면서부터 시작된 스터디는, 초반에는 자신들이 원하는 주제에 대해 스스로 알아보고 공유하는 수준이었으나 현재는 커핑으로 스터디의 형태를 고정하였고 매 회마다 주제를 정해서 커핑을 하고 있다. 자유롭게 참여를 희망하는 사람들로 구성되는데, 근무 스케줄을 조정하거나 퇴근 시간 이후에 매장에 남아 참여할 정도로 참여율이 매우 높다.

2017년 7월부터 2개월간 정동랩 바리스타들이 직접 머신의 변화와 커피 맛의 차이를 테스트하여 다른 에스프레소 머신으로 교체한 경우도 있다. 정동은 하루 매출의 70% 이상이 점심시간에 집중되어 있는 곳이다. 때문에 피크타임 전 후, 커피 맛의 변화를 최소화하는 것이 중요하다. 그런데 어느 날, 피크타임이 지난 후에 커피 맛의 차이가 지속적으로 나타나는 것을 감지했다. 정동랩 바리스타들은 이를 해결하기 위해 한 달 동안 여러 요소를 점검하면서 기존 에스프레소 머신은 피크타임이 끝나면 추출 온도가 4도 가까이 낮아지고, 정상적으로 복구되는 데까지 한 시간 정도 소요된다는 것을 확인했다. 이 내용을 본사로 전달해 다른 머신으로 교체했고, 동일한 조건에서 한 달 동안 추출 온도와 속도, 관능을 확인하고 데이터를 축적했다. 다시 한 달 후에 기존 머신의 데이터와 비교해 교체한 머신에서 커피 맛의 차이가 적다는 것을 검증하고 해당 머신으로 완전히 교체하게 됐다. 이후 이 과정은 머신 교체만으로 끝낸 것이 아니라, 다른 매장에서도 동일한 문제가 발생했을 때 참고할 수 있도록 자료로 정리해 교체과정에 참여했던 바리스타가 직접 세미나 형식으로 내용을 공유했다.

루소랩 바리스타들은 현재 얻은 것으로 만족하지 않고, 한 걸음 더 나아갈 수 있도록 계속 움직이고 배우며 지속적인 성장을 하고 있다. 이러한 활동을 통해 스스로 자기 개발을 하고, 고객에게는 업그레이드된 교육을 제공하며 수준 높은 전문가가 되는 선순환이 될 것이다. 또한 이 모든 노력이 커피의 본질을 찾아가는 과정이라 믿는다.

History of LUSSO

루소의 10년

루소가 지나온 길

2005
루소의 전신,
로코스 커피 론칭

원두커피 보급의 선두주자

2006
• R&D센터 OPEN

2008
• 루소 론칭
· CKCO& 사명 변경
· 2008 Korea National
  Barista Championship
  6위 수상 [김대웅]

SCENT OF
LUSSO

Scent of LUSSO 루소의 향기

2009
• 루소 트레이닝 랩 OPEN
· SCAA 인증 랩
  (국내 최초 Q-Grader 공식 인증기관)
· 2009 SCAE Cezve Final
  6위 수상 [김대웅]
· 2010 Korea National Barista Championship
  5위 수상 [박창규]

2011
• 루소랩 청담 OPEN
· Korea Cup Tasters
  Championship
  3위 수상 [정경림]

LUSSO
Real Fresh, Real Coffee

Real Fresh, Real Coffee

2012
Korea National
Barista Championship
3위 수상 [백상욱]

| 2013 | 2014 | 2015 | 2016 | 2017 |

2014
- 루소랩 청진 OPEN
- 루소랩 수원 OPEN
· CK Corporations 사명 변경

2016
- 루소랩 정동 OPEN
· 한국 커피 협회 2급 바리스타 시험 공식 커피 지정

2017
· 한국 커피 협회 1급 바리스타 시험 공식 커피 지정

2013
- 루소랩 삼청 OPEN
- 루소랩 롯데 에비뉴엘 OPEN
· HACCP 인증
· F/W 패션위크 공식 커피 선정

2015
· 인도네시아 CSV 활동
· WCCK 다이아몬드 스폰서
· 한국 커피 협회 2급 바리스타 시험 공식 커피 지정

LUSSO
coffee commentary

일상의 순간 영감을 깨우는 끌림

LUSSO
Coffee Naturalism

커피 자연주의 루소

루소를 말하다

관계자가 바라본 루소는 어떤 모습일까.

단단하고 견고한 루소의 고집

유니온제이 김석준,
조현준 대표로부터.

유니온제이와 루소

유니온제이는 소비자들이 브랜드를 보다 친숙하게 느낄 수 있도록, BI나 CI 등 아이덴티티 기반의 브랜딩을 해주는 디자인 스튜디오입니다. 루소와는 2013년, 루소의 로고와 심볼 작업을 진행하며 인연이 되었고, 그 후로 2015년 심볼과 슬로건 변경으로 인해 2차 작업까지 함께했습니다.

루소 로고와 심볼

2013년, 루소를 처음 알고 루소랩 청담에 갔던 때가 생각납니다. 매장 분위기, 인테리어, 커피 머신 등 좋은 것들로 채워진 공간이었는데, 그에 비해 시각적 자산이 부족해 보였습니다. 고급스러움을 추구하는 루소의 이미지와 달리 로고는 조금 가볍게 느껴졌고요. 루소의 로고와 심볼을 리뉴얼하는 작업을 맡고 약 4개월 정도의 시간을 들여 디자인을 완성했습니다. 수정이 12차까지 진행된 긴 여정이었죠. 저희가 루소의 작업을 하며 가장 많이 신경 쓴 부분은 '장인정신'이 느껴지게 하는 것이었습니다. 말

발굴처럼 생긴 U자를 심볼로 하고, 단단하고 견고한 느낌의 명조를 이용해 로고를 만들었습니다. 자간도 자신 있게 띄워 놨는데, 루소의 고집처럼 보이기도 합니다. 다른 그래픽 요소를 붙이지 않아도 충분할 정도로 군더더기 없이 나온 점 또한 만족스러운 부분입니다.

디자이너로서의 바람

루소랩에서 일하는 바리스타분들을 봤을 때, 운영자 마인드를 갖고 일한다는 인상을 강하게 받았습니다. 그런 분들이 루소의 로고가 새겨진 명찰을 자신 있게 달고, 고객분들에게 자신 있게 서비스하길 바랐습니다. 또한, 루소의 임직원분들이 누군가를 만나 명함을 건넬 때 자신 있게 내밀었으면 하는 바람입니다.

10주년을 맞은 루소

지금까지 루소를 봤을 때, 고집 있게 브랜드 가치를 지켜온 것 같다는 생각이 들었습니다. 매장을 무분별하게 늘리려 하지도 않고, 그렇다고 커피 업계를 지배하려고 하지도 않고요 커피를 하나의 사업보다는 문화적으로 접근하려 한다는 걸 느낄 수 있었습니다. 그래서 앞으로의 행보도 기대가 됩니다. 나아가 루소가 커피 업계의 큰 회사로서 환경 문제에 앞장서 주길 당부드리고 싶습니다. 그 어느 때보다 환경 문제가 심각하다고 합니다. 지구 온난화 때문에 커피 생산량이 25%나 줄어들 정도로 말이죠. 테이크아웃 용기의 개선 등 해결책이 필요한 시점인 듯합니다.

앞으로의 성장이 기대되는 루소

메테오라 김황 대표로부터.

메테오라와 루소

메테오라는 달라코르테Dallacorte, 안핌Anfim 등 에스프레소 커피머신과 그라인더를 수입하여 판매하는 회사입니다. 아무리 좋은 원두가 있어도 커피 도구가 없으면 추출할 수 없고, 또 아무리 좋은 기계가 있어도 좋은 원두가 없다면 맛있는 커피를 내릴 수 없기 때문에 메테오라와 루소는 전략적인 동반자 관계라 말할 수 있습니다.

커피 업계의 성장

지난 10년 동안 우리나라 커피 시장은 많은 성장을 이루었습니다. 씨케이 코퍼레이션즈와 메테오라처럼 10년 전부터 이 분야에서 일하던 사람도 있지만, 시장에 새롭게 진출한 사람도 많죠. 그분들을 보면 좋은 시기에 잘 합류했다고 생각합니다. 다만, 안타까운 것은 커피를 좋아해서, 어느 정도 자본이 있어서, 언어의 장벽이 없어서… 이런 이유와 자신감으로 커피를 쉽게 생각하고 시작했다가 결국에는 굉장히 어렵고 힘들어하는 사람들을 자주 접한다는 점입니다. 커피 업계 거품의 피해자라고 볼 수 있죠. 지나온 10년은 잘 안착하고 성장한 회

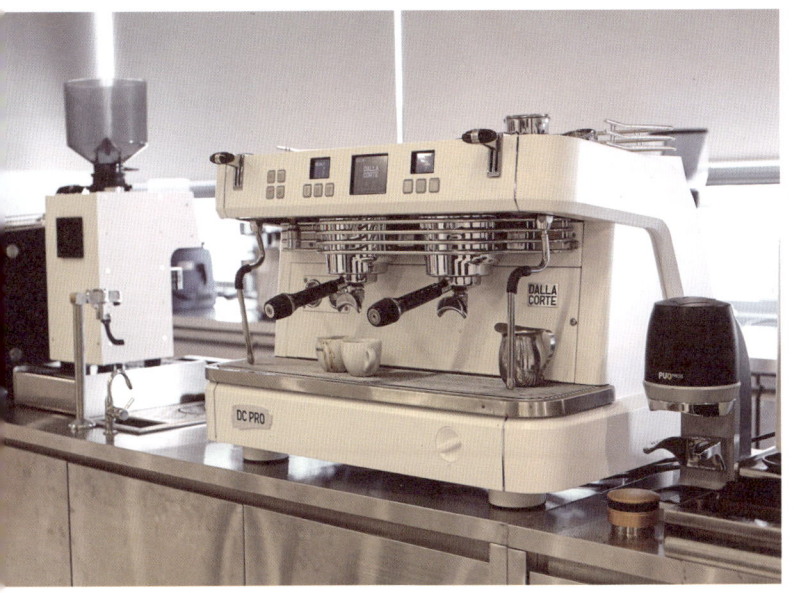

사도 많겠지만, 앞으로의 10년은 신규로 진출하기에 쉽지 않을 거라고 예상합니다. 기존에 해오던 사람들도 지금보다 훨씬 더 많이 노력하고 공부할 필요가 있습니다.

좋은 커피 그리고 루소의 커피

커피란 것은 기호 식품이기 때문에 사람마다 추구하는 맛이 다를 수 있습니다. 그렇기 때문에 어떤 특정한 맛보다는 어느 때나 어떤 기계나 어느 방식으로 내려도 항상 신선하고, 누가 언제 먹어도 70~80점은 나오는 일관된 커피를 좋은 커피라 생각합니다. 그런 면에서 봤을 때 루소의 커피야 말로 좋은 커피가 아닐까 합니다. 누군가는 루소의 스페셜티를 보며 '왜 저거밖에 못해?'라고 할 수도 있겠지만, 100~200kg 규모가 아닌 100~200t, 나아가 1,000~2,000t을 지향하는 루소의 입장에서 보면 당장의 맛보다는 꾸준히 일관된 맛을 내기 위해 천천히 다듬고 있는 지금이 맞다고 생각됩니다.

10주년을 맞은 루소

약 10년 전, 150kg 용량을 생산해내던 루소가 지금은 제가 상상도 못 할 정도의 큰 규모로 생산을 하는 회사로 성장했습니다. 2019년에 공장을 확장하여 이전하게 되면, 지금의 몇 배로 성장할 테고요 대기업 입장에서도 이처럼 큰 투자를 하는 건 쉬운 일이 아닐 것입니다. 하지만, 투자를 했고, 그만큼 열심히 했다면 결과는 무조건 따라오리라 믿습니다. 지금 당장은 아니겠지만, 몇 년 뒤에 '그때 투자하지 않았다면 큰일 날 뻔했어!'라는 생각을 할 만큼 성장할 것이라 생각합니다. 그리고 더 나아가 루소가 우리나라뿐만 아니라 동남아시아 쪽으로도 확장하여 커피 문화를 전파하고 성장하길 기대합니다.

루소를 경험하는
접점이 더 늘기를

중간계캠퍼스 신병철 박사로부터.

중간계캠퍼스 신병철 박사
현재 중간계캠퍼스라는 교육 회사를 운영하고 있습니다. 교육하는 일과 기업 자문하는 일, 크게 두 가지 일을 하고 있어요. 기업 자문은 배달의민족, 여기어때, 러쉬 등 5~6개 회사의 마케팅 자문 역할을 맡고 있습니다.

루소와의 인연
루소와는 2014년에 회사 창립 20주년 기념 BI, CI 변경 작업을 하면서 인연을 맺었습니다. 루소가 B2C를 많이 하는 브랜드는 아니다 보니 처음에는 잘 몰랐어요. 인지도가 높지는 않았죠. 회사의 이름을 변경한다는 게 쉬운 일은 아닙니다. 한 사람의 이름을 바꾸는 것 이상으로 어려운 일이죠. 회사의 이름을 무조건 예쁜 이름으로 바꾼다고 되는 게 아니거든요. 그 회사 안에서 오랫동안 함께 역사를 만들어온 분들의 정체성을 흔들 수도 있는 일이니까요. 그래서 고민을 많이 했던 기억이 납니다. 당시 '중경물산'에서 한 차례 사명을 변경하여 '씨케이코앤'이라는 이름을 쓰고 있었는데 저는 회사의 정통성을 살

리는 의미에서 불필요한 부분을 정리하고 '씨케이'로 변경할 것을 제안드렸습니다. 상표 문제로 씨케이 뒤에 코퍼레이션즈를 붙였고요.

품질과 신뢰를 강조한 루소

씨케이 코퍼레이션즈 외에도 여러 가지 회사명을 제안드렸습니다. 회장님 및 임원진이 고민 끝에 결국 회사의 전통성을 지킬 수 있는 씨케이 코퍼레이션즈를 선택하셨죠. 저는 사명보다 BI, CI 작업이 더 기억에 남습니다. 회장님이 항상 강조하신 부분이 '제대로 하자' 즉 신뢰였던 터라, 저는 그걸 손 모양의 로고로 표현했습니다. 악수의 원래 의미가 '나는 당신을 해칠 의사가 없다'는 걸 보여주는 행위인 것처럼 사람의 손은 신뢰를 표현하는 데 가장 적합하다고 생각했습니다. 이런 작업을 통해 가까이서 본 루소는 제게 언제나 최고의 품질을 추구하며 오랫동안 신뢰를 쌓아가고자 하는 브랜드로 느껴졌습니다.

10주년을 맞은 루소

'입신양명'이라는 표현이 있습니다. 10주년을 맞은 루소는 '입신'은 충분히 해낸 것 같습니다. 우수한 품질의 제품을 만들고, 좋은 시설을 갖춘 공장도 짓고, 꾸준히 좋은 네트워크도 만들고 있으니까요. 이제는 조금 더 루소의 이름을 알릴 때가 된 것 같습니다. 더 많은 사람이 루소를 경험해봤으면 합니다. 그러려면 B2C를 통해 고객과의 접점을 늘려야 합니다. 루소를 경험해보고 기억하는 사람이 많아질수록 루소가 바라는 커피의 본질을 추구하고 세상에 전하는 일이 더 큰 힘을 얻으리라 생각합니다.

루소랩 갤러리

루소랩 논현 아카데미(2009)

루소랩 청담(2011)

루소랩 삼청(2013)

루소랩 청진(2014)

루소랩 청담(2014)

루소랩 청담(2018)

루소랩 정동(2018)

커피자연주의 루소
Coffee Naturalism LUSSO

초판 1쇄 발행 2018년 6월 12일

지은이 씨케이 코퍼레이션즈(주)
펴낸곳 컨셉진 contact@conceptzine.co.kr
기획 신현승
편집·디자인 컨셉진
출판등록 2016년 2월 1일 제2016-000032호

주소 서울시 강남구 학동로 107 더퍼스트빌딩 5층
홈페이지 www.lussolab.co.kr
인스타그램 @lussolab_official
전화 1899-7701
팩스 02-2056-7699

저작권자 ⓒ씨케이 코퍼레이션즈(주)
ISBN 979-11-959726-4-7

· 잘못된 책은 구입하신 서점에서 교환해 드립니다.
· 이 책의 판권은 지은이와 컨셉진에 있습니다. 이 책의 전부 또는 일부 내용을
  재사용하려면 사전에 저작권자와 컨셉진의 동의를 받아야 합니다.